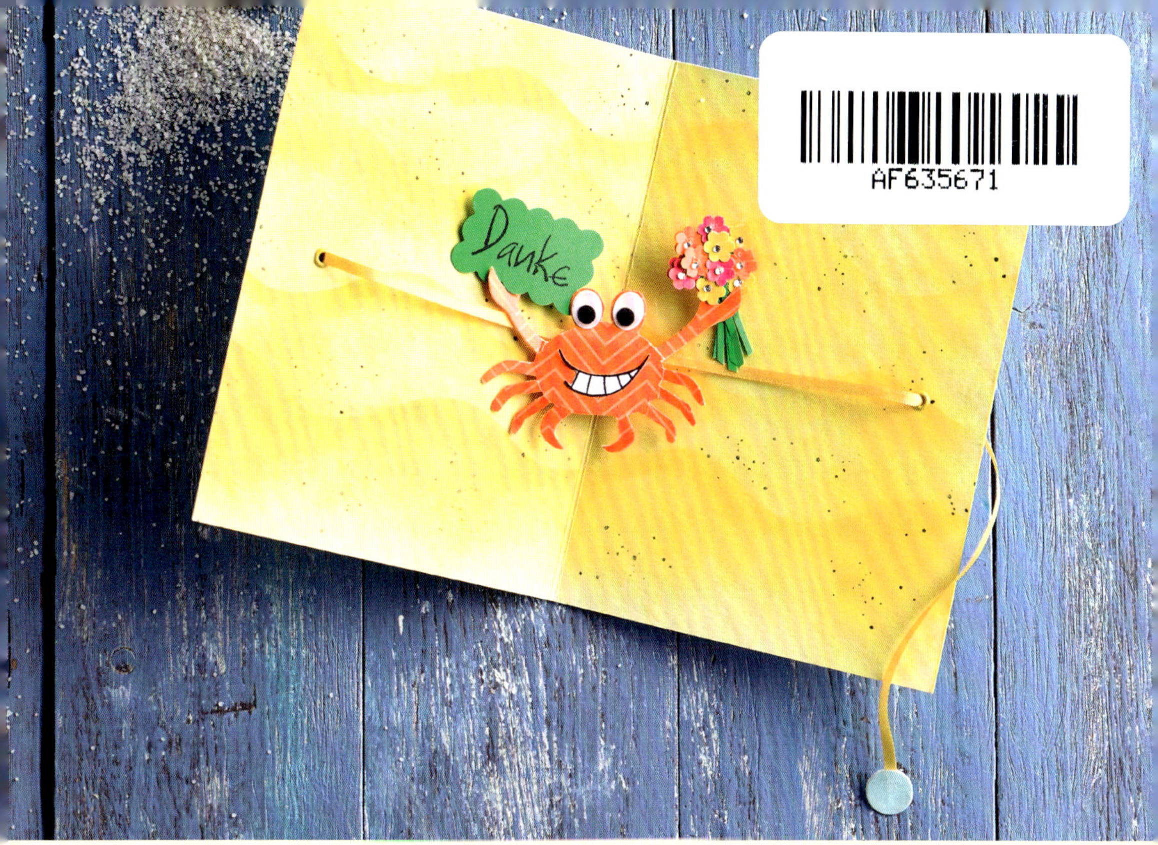

Es gibt im Leben Anlässe und Menschen, für die man einfach eine besondere Karte benötigt. In diesem Buch möchte ich Ihnen gleich 15 ungewöhnliche Kartentechniken vorstellen, die flexibel für die unterschiedlichsten Gelegenheiten genutzt werden können. So eignet sich die Babykarte ohne „Fläschchen" auch sehr gut als Dankes- und Freundschaftskarte oder die „Hochzeitskarte" können Sie auch perfekt mit Fotos für einen Ruheständler gestalten. Sicherlich fallen Ihnen zu jeder der dargestellten Karten weitere spannende Anwendungsmöglichkeiten ein.

Mein Ziel ist es, Ihnen möglichst viele Anregungen und Ideen mit auf den Weg zu geben, die Sie sogar nur in Teilen bei anderen kreativen Karten anwenden können.

Ich wünsche Ihnen von ganzem Herzen viel Freude beim Nacharbeiten und möchte Sie außerdem ermuntern, immer wieder Neues auszuprobieren und Ihrer Kreativität freien Lauf zu lassen. So entstehen Ihre persönlichen Meisterwerke und Unikate.

Herzlichst,

Anja Bley

Du bist die Beste!

Grüße zum Muttertag

MOTIVGRÖSSE

Karte ca. 12,5 cm x 13 cm

Umschlag ca. 14 cm x 14 cm

MATERIAL

FÜR DIE KARTE

- Tonkarton in Weinrot, 25 cm x 13 cm
- Tonpapier in Weiß, 11 cm x 11 cm und 11,5 cm x 11,5 cm
- Aquarellpapier 200 g, 24 cm x 24 cm
- Tonpapierrest in Weinrot
- Aquarellpapierrest
- Stempel Herzbordüre, „alles Liebe zum Muttertag", „Du bist die Beste!", „schraffiertes Herz"
- Stempelkissen in Schwarz
- Satinstempelfarbe in Perlmutt, Limone und Rubinrot
- Applikator (Schwämmchen)
- doppelseitiges Klebeband
- Klebeband, transparent
- Schaumklebeband
- feiner Draht in Rot, 25 cm lang
- Motivstanzer Herz (ø 5 cm/2")
- (Wassertank)-Pinsel
- Satinband in Weiß, 45 cm lang

FÜR DEN UMSCHLAG

- Transparentpapier mit Herzen in DIN A4
- Schablone für quadratische Umschläge
- doppelseitiges Klebeband

1 Mischen Sie die Farben Perlmutt und Rubinrot und färben Sie das Aquarellpapier mithilfe eines Schwämmchens vorsichtig ein. Nun ein Reststück des Papiers ebenfalls bestreichen und ein Herz daraus ausstanzen. Das kleine weiße Stück Tonpapier zartrosa einfärben.

2 Geben Sie danach auf das Schwämmchen einen extra Tropfen rubinrote Farbe und nutzen es als Stempelkissen. Jetzt den Herzstempel kreuz und quer auf das Aquarellpapier stempeln und gut trocknen lassen. Danach den Stempel „Du bist die Beste!" platzieren.

3 Verzieren Sie das rosa gefärbte Tonpapier mit den Stempeln und kolorieren Sie mit Pinsel und Satinstempelfarbe das Motiv. Kleben Sie dies auf das größere weiße Tonpapier und bestempeln es mit „alles Liebe zum Muttertag!". Gut trocknen lassen.

4 Danach das Papier der Länge nach einmal falten, sodass die gefärbte Seite außen liegt. Das Papier wenden und zweimal diagonal falten.

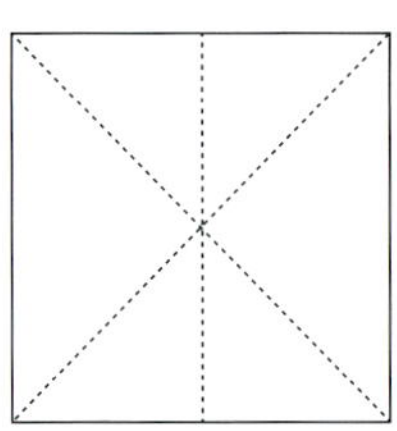

5 Drehen Sie das Papier so, dass die diagonalen Linien Talfalten bilden. Die beiden großen Dreiecke falten Sie aufeinander. Währenddessen müssen die kleinen Dreiecke nach innen einknicken. Legen Sie das Dreieck mit der Spitze nach oben vor sich. Falten Sie die vier offenen Spitzen bis zur Mitte der Längsseite des Dreiecks. Wiederholen Sie diesen Schritt danach in die andere Richtung. Klappen Sie anschließend alles wieder auf. Alle kleinen vorgefalzten Spitzen kippen Sie nach innen um.

6 Jetzt den weinroten Tonkarton mittig falzen, falten und wieder aufklappen. Bringen Sie einen Streifen doppelseitiges Klebeband mittig auf der Außenseite der Klappkarte an und kleben Sie das Satinband so darauf, dass es jeweils etwa 10 cm übersteht.

7 Auf die linke große Außenfläche des zusammengeklappten Aquarellpapiers bringen Sie nun doppelseitiges Klebeband an. Die Spitze mittig in den Falz der Karte legen und auf die linke Seite drücken. Anschließend die rechte Seite mit doppelseitigem Klebeband versehen und die Karte zuklappen. Aus einem Stück weinroten Tonpapierrest zwei Herzen ausstanzen und diese dann versetzt hinter das Aquarellherz kleben, sodass ein kleiner Rahmen entsteht.

8 Ein Stück Draht um einen dicken Stift (o. Ä.) mit einem Durchmesser von etwa 2 cm wickeln und abstreifen. Auf der entstandenen Spirale befestigen Sie mit Klebestreifen das Herz und die Spirale an der Karte.

9 Mit Schaumklebeband das bestempelte Papier auf die Vorderseite kleben. Karte zuklappen, Schleife binden und die Enden des Bands mit einem Feuerzeug kurz veröden. Aus dem Bogen Transparentpapier und der Schablone für quadratische Umschläge ein passendes Kuvert gestalten (siehe Grundanleitung).

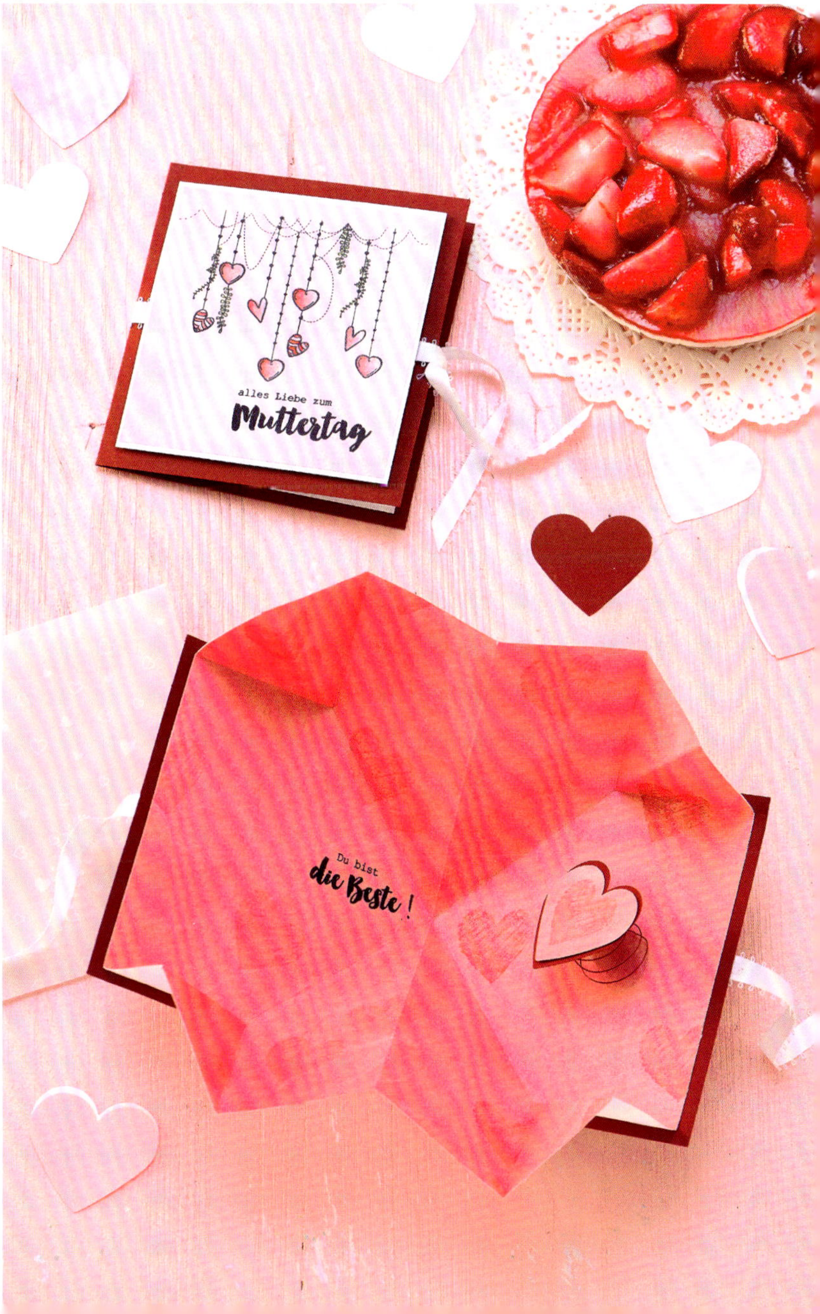

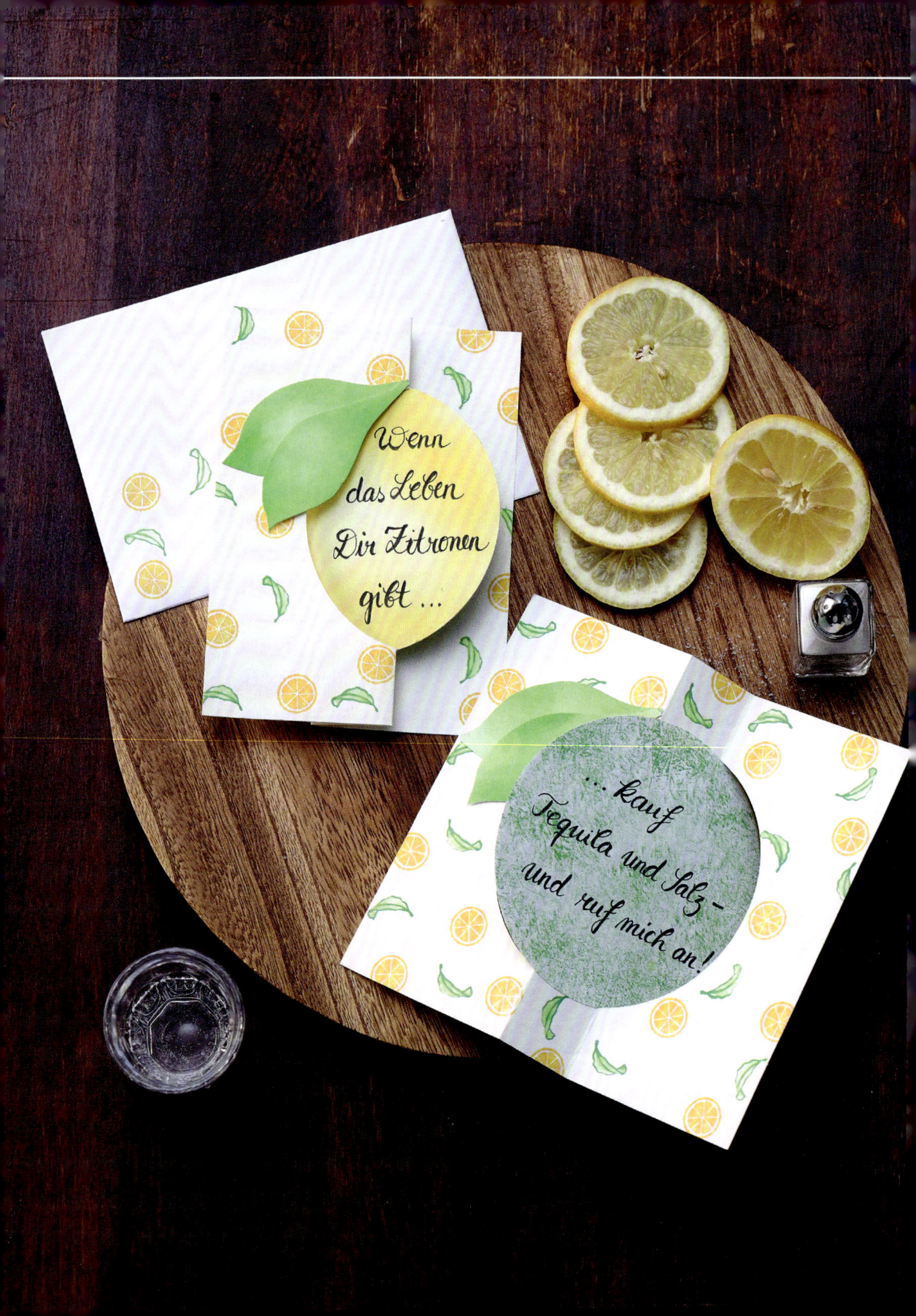
Wenn das Leben Dir Zitronen gibt ...
... kauf Tequila und Salz – und ruf mich an!

Wenn das Leben Dir Zitronen gibt ...

Eine Aufmunterungskarte der besonderen Art

MOTIVGRÖSSE

Karte ca. 10,5 cm x 14,8 cm

Umschlag ca. 11,3 cm x 16,1 cm

MATERIAL

FÜR DIE KARTE

- Aquarellpapier 250 g, 17 cm x 15 cm
- Aquarellpapierreste
- Stempel „Zitronenscheibe" und „kleines Blatt"
- Pigmentstempelkissen in Grün und Gelb
- Applikator (Schwämmchen)
- Kreisschneider
- Brushpen
- Stanzer Kreis ø 10 cm
- Frischhaltefolie (ein etwa 10 cm breiter Streifen)
- (Wassertank)-Pinsel
- Klebepads

FÜR DEN UMSCHLAG

- Umschlagschablone C6
- doppelseitiges Klebeband

VORLAGE

Bogen 2B

1 Falzen Sie die Karte auf der langen Seite bei 7 cm und 10 cm (s. Skizze). Ermitteln Sie die Mitte, indem Sie ein Lineal zwei Mal diagonal auf die Karte legen und jeweils in der Mitte eine Markierung machen. Mit einem Kreisschneider einen Kreis mit 10 cm Durchmesser ausschneiden und dabei die mittleren 3 cm auslassen. Achten Sie hierbei darauf, nicht den Papierschneider, sondern das Papier zu bewegen.

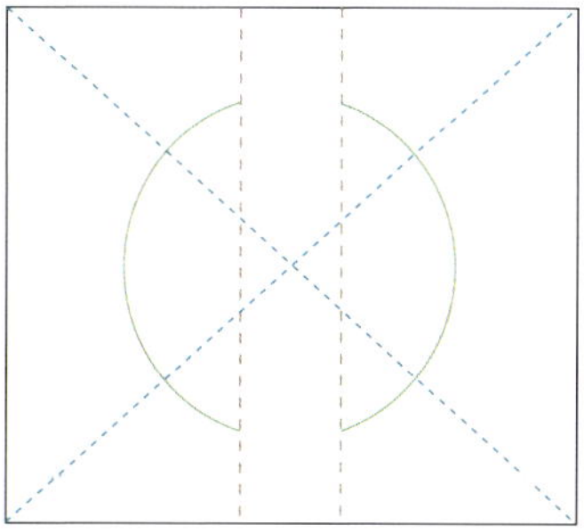

2 Ein ca. 11 cm großes Stück Aquarellpapier mit einem Applikator und dem gelben Stempelkissen einfärben, (dabei innen weniger Farbe auftragen als außen) und mit dem Kreisstanzer ausstanzen.

3 Betupfen Sie ein etwas gleich großes Stück Aquarellpapier mit der zusammengeknüllten Frischhaltefolie in grüner Stempelfarbe und stanzen es aus.

4 Mit der Vorlage die Blätter übertragen und mit grüner Stempelfarbe und Applikator ungleichmäßig einfärben. Schneiden Sie anschließend die Blätter aus und übertragen Sie den Spruch mittels Vorlage auf die zwei Kreise, nachdem die Papiere gut getrocknet sind.

5 Verzieren Sie die Karte mit den Ministempeln und lassen Sie dabei den linken Falz frei, damit keine halben Motive beim Aufklappen der Karte entstehen. Malen Sie nun die gestempelten Blätter aus.

6 Anschließend die beiden beschrifteten Kreise aufkleben und die Blätter am Stiel mit Klebepads so auf der Karte befestigen, dass der Mechanismus nicht gestört wird. Einen Umschlag mithilfe der C6-Schablone (siehe Grundanleitung) basteln und mit den Ministempeln verzieren.

Ruhestand? Auf ins Abenteuer!

Glückwünsche von der ganzen Truppe

MOTIVGRÖSSE

Karte ca. 14,8 cm x 10,5 cm

Umschlag ca. 11,3 cm x 16,1 cm

MATERIAL

FÜR DIE KARTE

- Prägekarton Struktura Leinen in Gelb, 10,5 cm x 29,6 cm, 13 cm x 2,5 cm und 10,5 cm x 19,6 cm
- Aquarellpapierrest 250 g, 5,5 cm x 9,5 cm
- Motiv-Tonzeichenpapier Twin Block in Gelb
- Tonpapier in Weiß
- Stempel „Ein Hoch auf Dich", „Beste Wünsche von der ganzen Truppe", „Hip Hip Hurra"
- Stempelkissen in Schwarz
- Stanzer Wellenkreis ø 3,8 cm und ø 6,4 cm
- Stanzer Kreis ø 3,3 cm und ø 5 cm
- Bordürenstanzer Ornament
- Fotokopierpapier in Weiß in 9,5 cm x 13,5 cm
- Sprühkleber
- doppelseitiges Klebeband, stark haftend
- doppelseitiges Klebeband

FÜR DEN UMSCHLAG

- Umschlagschablone C6
- doppelseitiges Klebeband

1 Grundkarte bei 14,8 cm falten und den langen Papierstreifen bei 2,4 cm, 4,8 cm, 14,8 cm und 17,2 cm falzen. Entsprechend der Skizze falten und mittig auf der dritten Falz (rote Markierung) einen 2,6 cm breiten Schlitz einschneiden.

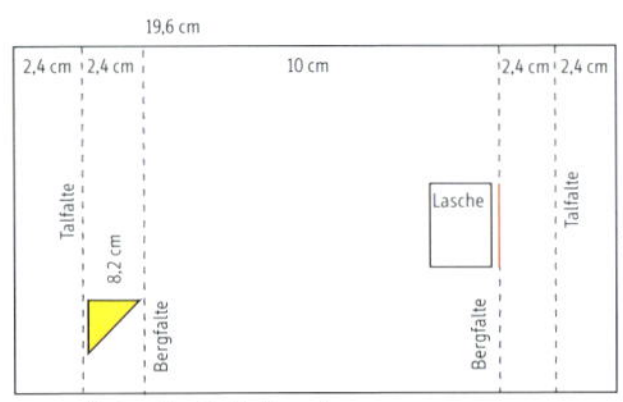

2 Falten Sie den 13 cm x 2,5 cm-Streifen in der Mitte und kleben ihn zusammen. Schieben Sie ihn nun durch den Schlitz bis der Streifen rechts bündig mit dem Papier endet und befestigen Sie ihn auf der Rückseite mit doppelseitigem Klebeband.

3 Vier Streifen Motivpapier in 10 cm x 2 cm und in 14,3 cm x 10 cm zuschneiden. Anschließend auf der rechten Seite oben und unten zwei Rechtecke 3,9 cm x 4,8 cm ausschneiden (siehe Skizze). Kleben Sie nun alle Teile auf.

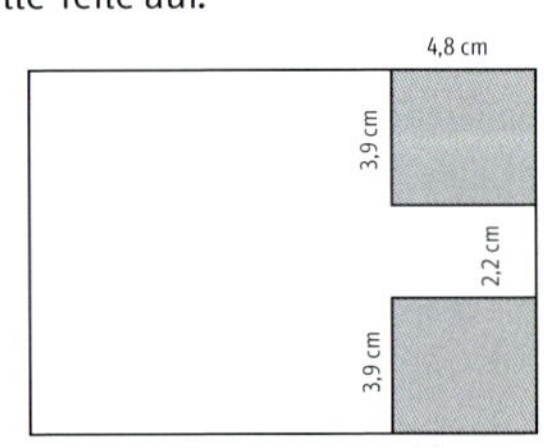

4 Für die Vorderseite wird das Deckblatt des Motivpapierblocks auf das Maß 9 cm x 13 cm zugeschnitten und auf weißes Papier (9,5 cm x 13,5 cm) geklebt.

5 Schneiden Sie einen gelben Streifen Tonpapier auf 1 cm x 29,6 cm und einen in Orange auf 2 cm x 29,6 cm zu. Mit dem Bordürenstanzer den schmalen Streifen einseitig und den breiten von beiden Seiten stanzen (s. Grundanleitung). Besprühen Sie nun die schmale Bordüre mit Sprühkleber und befestigen sie passgenau auf den anderen Streifen. Die Bordüre in zwei Teile mit der Länge 14,8 cm und 13,2 cm zuschneiden.

6 Stanzen Sie als nächstes einen kleinen und großen Wellenkreis in Orange und Gelb aus. Das Motivpapier bestempeln Sie mit wasserfester Farbe und stanzen es mit dem Kreisstanzer aus.

7 Kleben Sie nun die Wellenkreise auf das Motivpapier. Die Bordüren mit dem Sprühkleber benebeln und so auf den Karten anbringen, dass sie mittig durch die aufgeklebten Wellenkreise verlaufen. Anschließend kleben Sie die ausgestanzten Kreise auf.

8 Bestempeln Sie den Streifen Aquarellpapier und malen ihn nach Belieben aus. Nun markieren Sie jeweils von der unteren linken Spitze sowohl nach rechts als auch nach oben 2 cm und verbinden die beiden Markierungen mit einer Falzlinie. Knicken Sie die Ecke nach hinten um. Befestigen Sie nun auf dem Dreieck vorne doppelseitiges Klebeband und kleben diese auf die in der Skizze markierte Position.

9 Bringen Sie außerdem doppelseitiges Klebeband sowohl auf die ganz rechte als auch auf die ganz linke Lasche und kleben diese einmal bündig mit der Falz und auf der anderen Seite bündig mit der Karte fest. Jetzt nur noch den Umschlag (s. Grundanleitung) basteln.

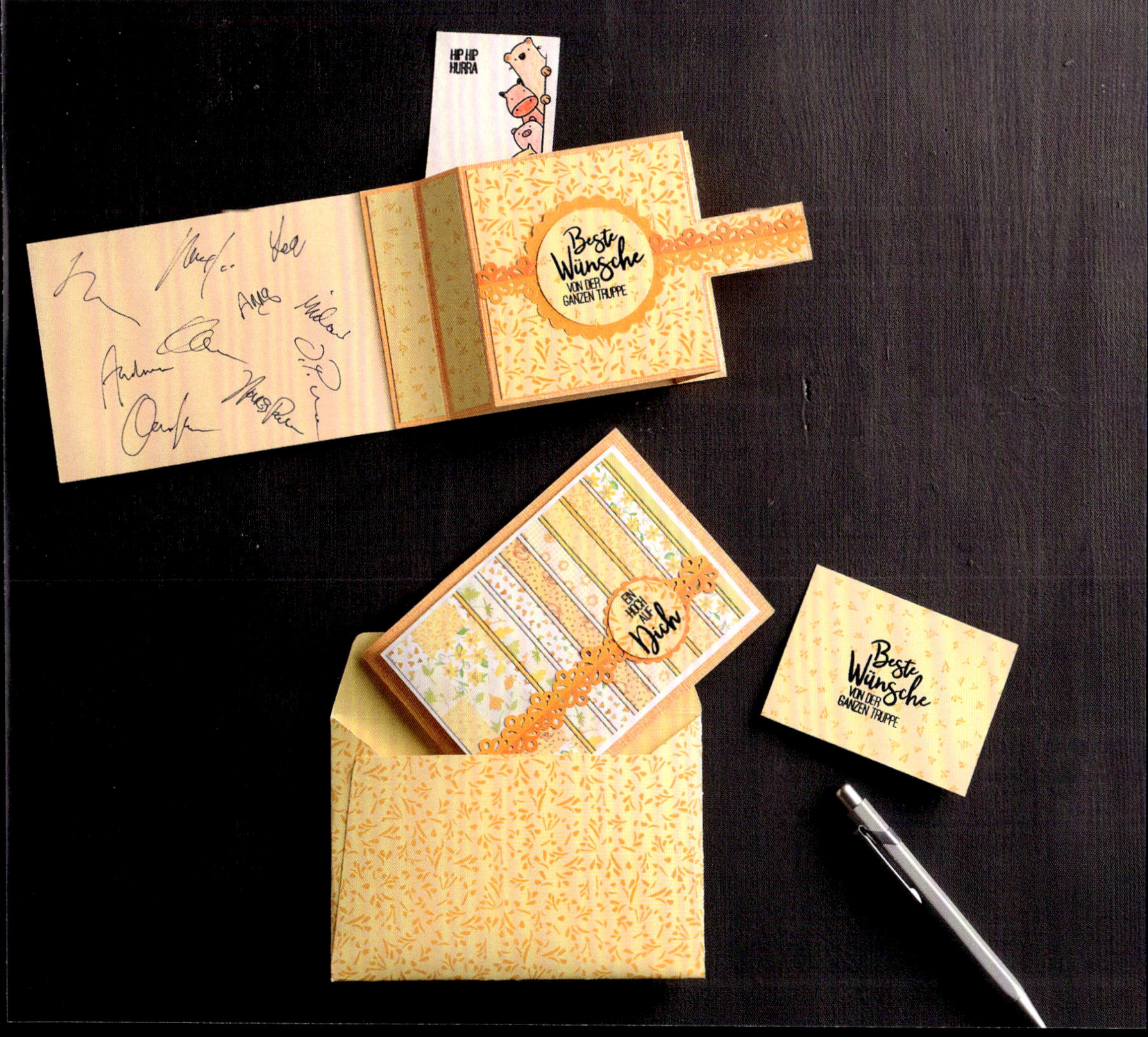

Dem Auge so fern, dem Herzen ewig nah

Tröstende Worte

MOTIVGRÖSSE

Karte ca. 15 cm x 15 cm

Umschlag ca. 16,1 cm x 16,1 cm

MATERIAL

FÜR DIE KARTE

- Tonpapier in Weiß, 15 cm x 30 cm
- Tonkartonrest in Weiß
- Aquarellpapier, 200 g, 14 cm x 14 cm und Kreis ø 10 cm
- Pigmentstempelkissen mit Kreideeffekt in Braun, Gelb, Old Paper und Grün
- Stempel „Dem Auge so fern, dem Herzen ewig nah!“ und „Löwenzahn“
- Applikator (Schwämmchen)
- (Wassertank)-Pinsel
- Windradfolie (oder eine andere feste Folie)
- große, flache dreieckige Musterklammer
- Kreisschneider
- Silhouettenschere
- Klebeband
- doppelseitiges Klebeband, stark haftend
- Abstandsband
- Flüssigkleber
- Glitzerstift

FÜR DEN UMSCHLAG

- Stempel „Pusteblumensamen“
- Umschlagschablone quadratisch
- Fineliner in Schwarz
- doppelseitiges Klebeband

1 Aquarellpapier vorsichtig mithilfe des Applikators Braun und Old Paper einfärben. Den braunen Schriftzug stempeln Sie unten rechts an den Rand. Ermitteln Sie die Mitte und durchstechen Sie diese mit einem spitzen Gegenstand.

2 Färben Sie nun den Aquarellpapierkreis zart in Hellgrün ein und bestempeln ihn anschließend mit den Pusteblumensamen. Schneiden Sie aus einer Folie einen Kreis mit 10 cm Durchmesser aus. Legen Sie den Folienkreis passgenau auf den Aquarellkreis und schieben Sie eine Musterklammer durch beide Löcher, die vom Kreisschneider stammen, und durch die Mitte der Karte. Fixieren Sie die Klammern auf der Rückseite mit einem Stück Klebeband.

3 Den Löwenzahnstempel mehrfach in Braun auf den weißen Tonpapierrest stempeln und mit der Silhouettenschere ausschneiden. Die zehn Samen kleben Sie mit dem Flüssigkleber am Rand der Folie gleichmäßig verteilt auf.

4 Den Löwenzahn zart kolorieren und mit doppelseitigem Klebeband auf der Musterklammer befestigen, sodass die Folie sich noch dreht. Danach können Sie die Samenköpfe dezent mit einem Glitzerstift bemalen. Kleben Sie nun die Karte mit Abstandsband auf die in der Mitte gefaltete Grundkarte auf.

5 Erstellen Sie mithilfe der Schablone einen passenden Umschlag. Mit einem Fineliner und Lineal zeichnen Sie rund um die Vorderseite mit etwa 0,5 cm Abstand zum Rand einen Rahmen. Verzieren Sie das Kuvert mit dem Pusteblumenstempel.

Mein Tipp für Sie

Wenn Sie von einem Stempel nur einen Teilabdruck erhalten möchten, weil Ihnen entweder ein Teil nicht gefällt oder zu groß ist, decken Sie den nicht zu stempelnden Teil mit Klebestreifen ab. Danach nehmen Sie normal Farbe vom Stempelkissen auf. Vor dem Abdruck entfernen Sie die Klebestreifen.

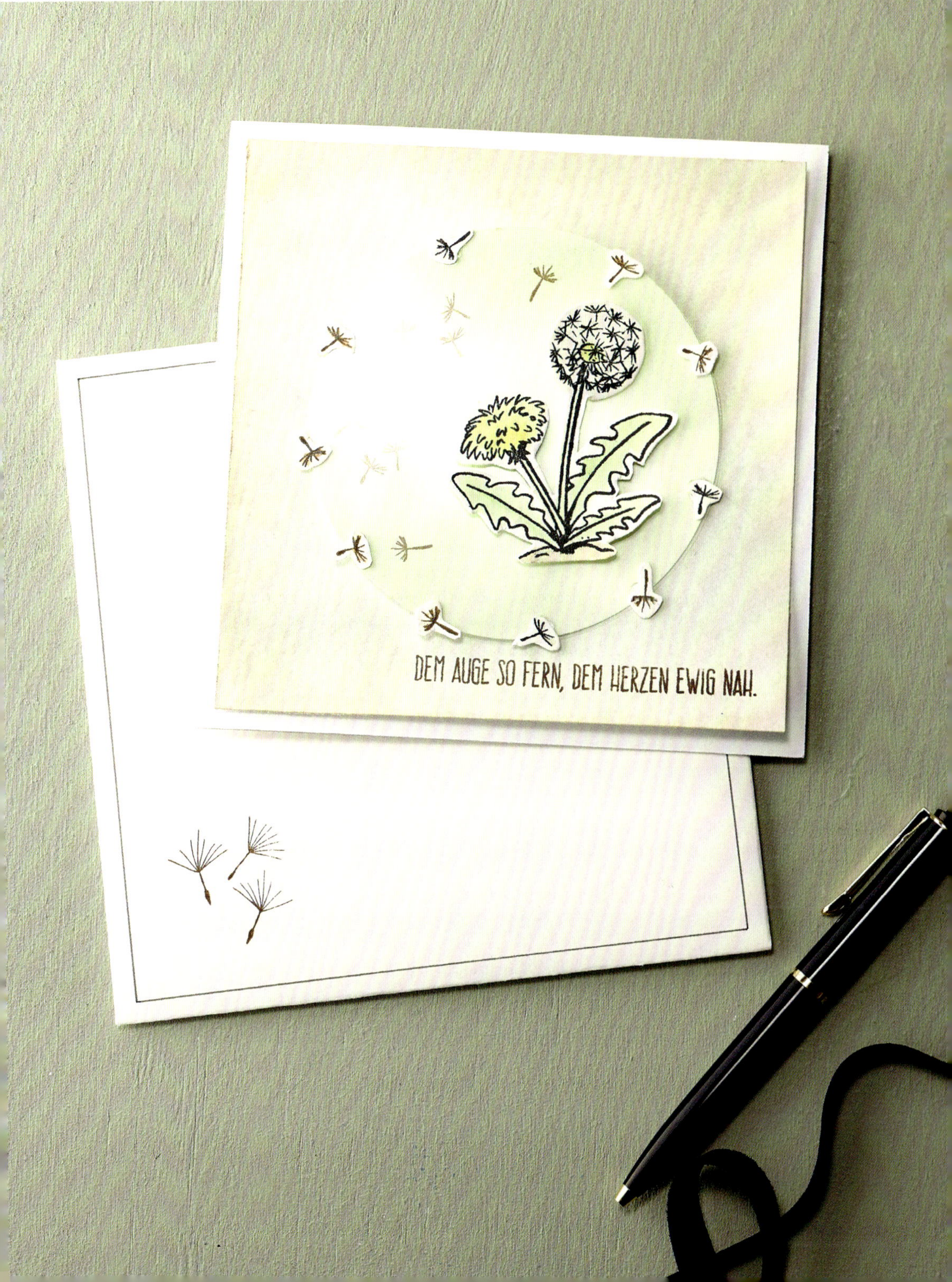
DEM AUGE SO FERN, DEM HERZEN EWIG NAH.

Alles Liebe zum Valentinstag

Circle of Love

MOTIVGRÖSSE
Karte ca. 14,8 cm x 10,5 cm
Umschlag ca. 11,3 cm x 16,1 cm

MATERIAL
FÜR DIE KARTE

- Tonpapier in Weinrot, 10,5 cm x 29,6 cm
- Tonpapierrest in Weinrot
- Tonpapierrest Kreis (ø ~ 2 cm)
- Aquarellpapierrest, 200 g
- Motivpapier Paper Book Retro , 10 cm x 14,3 cm
- Stempel „Dich zu kennen macht mich sehr glücklich“ und „Mäuse“
- Tusche-Stempelkissen permanent in Schwarz
- Pigmentstempelkissen mit Kreideeffekt in Blau, Old Paper, Rosa und Braun
- Musterklammer mini in Creme und Herz in Rot Metallic
- Kleine Perle mit großem Loch
- Doppelseitiges Klebeband
- Klebeband
- Stanzer Wellenkreis ø 7,5 cm
- Kreisstanzer ø 6,3 cm und ø 7,6 cm
- Klebepunkt klein

FÜR DEN UMSCHLAG

- Umschlagschablone C6
- doppelseitiges Klebeband

1 Aus dem weinroten Tonpapierrest zuerst einen Kreis mit 6,3 cm Durchmesser ausstanzen. Anschließend den Wellenkreisstanzer verkehrt herum über das Papier schieben und nur den Rand des Wellenkreises ausstanzen (siehe So wird's gemacht).

2 Den kleinen Kreisstanzer bis zum Anschlag über das Motivpapier schieben und stanzen. Dabei einen ähnlichen Abstand zum seitlichen Rand beachten. Den Wellenrand mit Kleber bestreichen und genau über die Stanzung auf das Motivpapier kleben. Einen weiteren kleinen Kreis aus einem Rest ausstanzen, zweimal falten und die Mitte mit einem spitzen Gegenstand durchbohren. Dieser Kreis dient als Schablone.

3 Auf Aquarellpapier die Mäuse stempeln, mit dem Kreisstanzer ø 7,6 cm ausstanzen und kolorieren. Danach ein Stück Aquarellpapier mit den Maßen 10 cm x 14,3 cm zuschneiden, das Motivpapier passgenau darauf legen und die Öffnung leicht mit Bleistift an vier Stellen markieren. Im Anschluss die erstellte Schablone in die Öffnung legen und die Mitte durchstechen, sodass im Aquarellpapier mittig ein Loch entsteht.

4 Das rechteckige Aquarellpapier oberhalb vom kleinen Loch mit dem Spruch bestempeln. Jetzt einen senkrechten Schnitt von unten zur Mitte vornehmen und die Bleistiftmarkierungen mit einem Radiergummi entfernen.

5 Die Papierschablone auf den Kreis mit den Mäusen legen und die Mitte durchstechen. Nun 0,5 cm links von der Senkrechten bis hin zur Mitte des Kreises einschneiden (s. Skizze). Danach 0,5 cm links vom Schnitt und 1,5 cm vom Rand entfernt ein weiteres kleines Loch stechen (vgl. gelbes Kreuz). Die Herzklammer erst durch die kleine Perle und dann durch die Papieröffnung schieben. Die Klammern auf der Rückseite so biegen, dass der Schnitt frei bleibt, und mit einem Stück Klebeband fixieren.

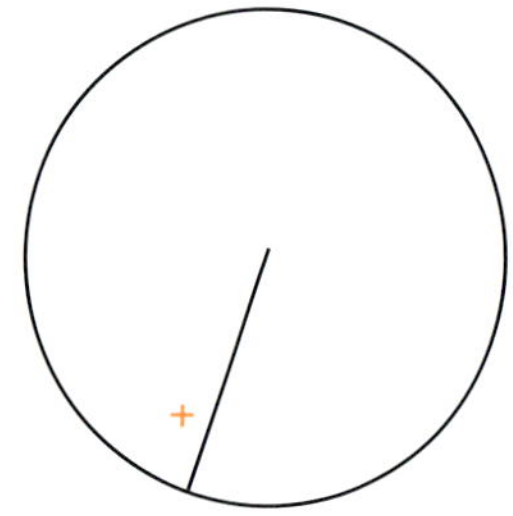

6 Ungefähr in die Mitte eines kleinen Tonpapierrestes (ca. ø 2 cm) ein Loch stechen. Mit der cremefarbenen Miniklammer zuerst durch das Loch des Kreises mit den Mäusen, dann durch die Mitte des rechteckigen Aquarellpapiers und anschließend durch den Tonpapierrest stechen. Die Klammern auf der Rückseite umbiegen und ebenfalls mit einem Klebestreifen fixieren. Den Schnitt des „Mauspapiers" durch den Schnitt des „Schriftpapiers" schieben, sodass beim Drehen der Kreis unter dem Anderen „verschwindet".

7 Unten links vom schrägen Schnitt des „Mauskreises" einen Klebepunkt als Stopper anbringen. Jetzt vorsichtig das Motivpapier auf die Mäuse kleben, sodass von dem Aquarellpapier an den Rändern nichts zu sehen ist. Dort, wo sich der Klebepunkt befindet, das Motivpapier fest andrücken. Auf der Rückseite der Fläche nur am Rand doppelseitiges Klebeband anbringen. Dabei die Bereiche, in denen sich der Mechanismus befindet, auslassen. Anschließend auf die weinrote, in der Mitte gefaltete Grundkarte aufkleben. Einen Umschlag mithilfe der C6-Schablone (siehe Grundanleitung) und dem Motivpapier erstellen und ggf. verzieren.

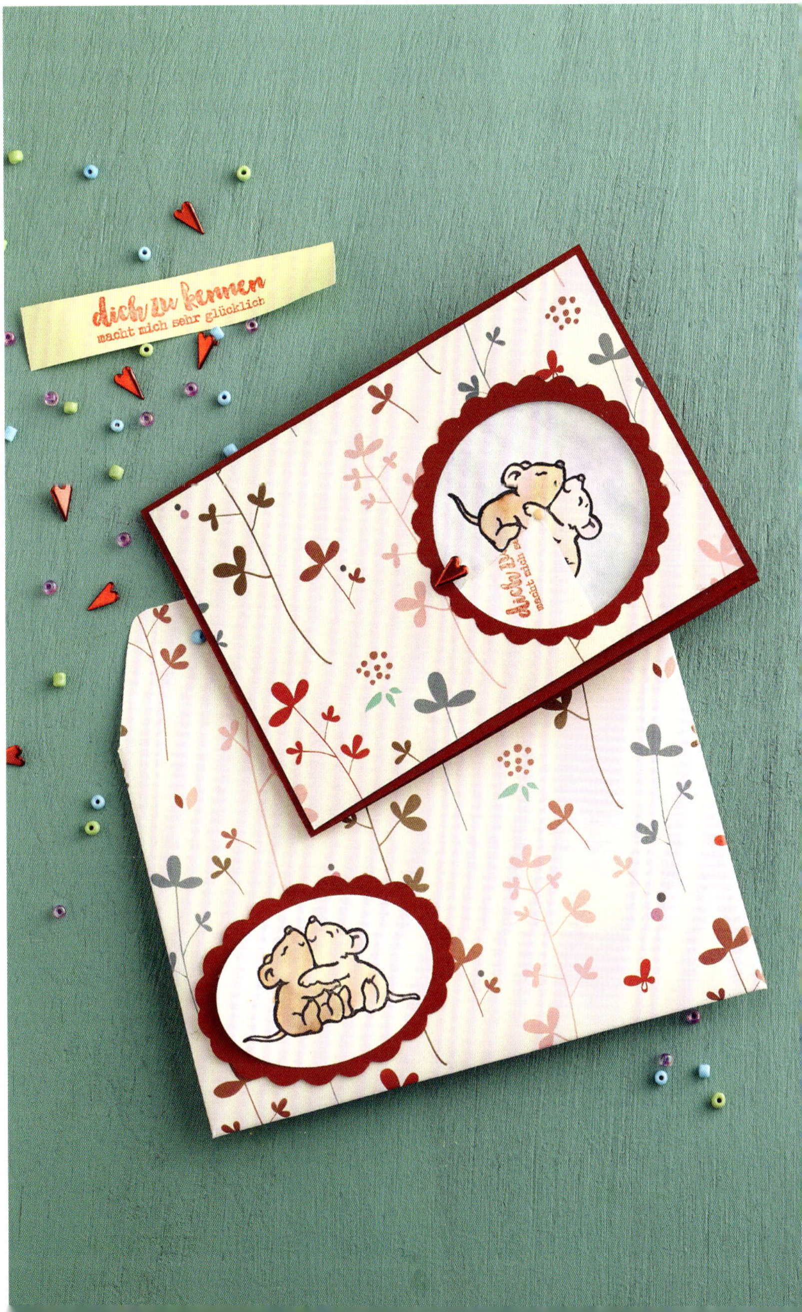

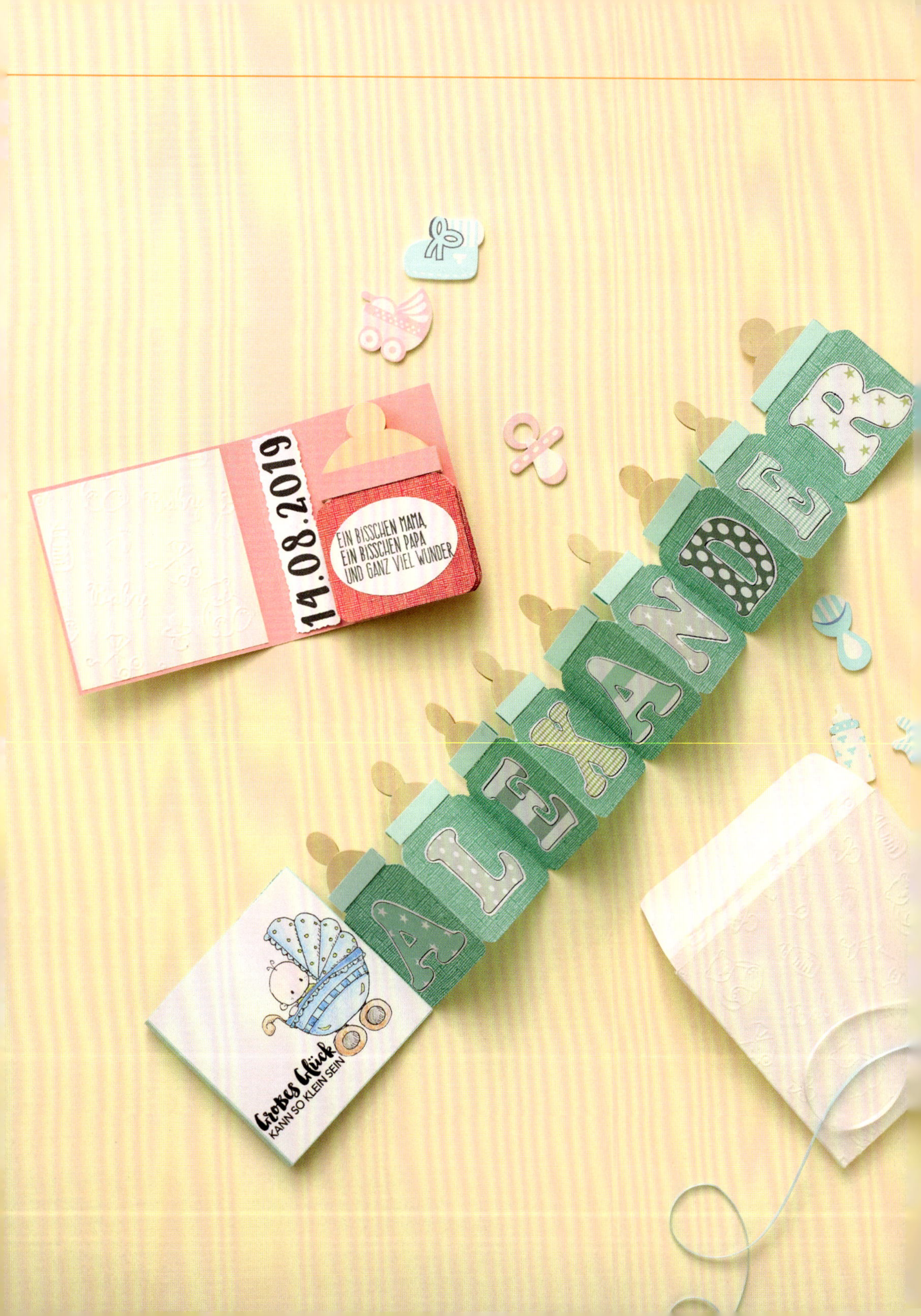
19.08.2019
EIN BISSCHEN MAMA, EIN BISSCHEN PAPA UND GANZ VIEL WUNDER
ALEXANDER
Großes Glück
KANN SO KLEIN SEIN

Großes Glück kann so klein sein

Glückwünsche zur Geburt

MOTIVGRÖSSE

Karte ca. 10 cm x 10 cm x 1 cm

Umschlag ca. 13 cm x 13 cm x 1 cm

MATERIAL

FÜR DIE KARTE

- Prägekarton Struktura Leinen in Rosa, Pink. bzw. Blau, Türkis 30,5 cm x 30,5 cm (bei einem Namen, der mehr als neun Buchstaben hat, benötigen Sie zwei Blätter)
- Motivpapier in Rosa- oder Blautönen, 80 g–120 g, DIN A4
- Tonkarton mit Flock „Elegance Baby“, 9,5 cm x 9,5 cm
- Tonkarton in Hautfarbe, DIN A4
- Tonpapierrest in Weiß
- Fotokopierpapier in Weiß
- Stempel „Großes Glück kann so klein sein“, „Ein bisschen Mama, ein bisschen Papa und ganz viel Wunder“, „Kinderwagen“ und „Zahlen“
- Stempelkissen in Schwarz
- Silhouettenschere

FÜR DEN UMSCHLAG

- Tonpapier mit Flock „Elegance Baby“ in DIN A4
- Umschlagschablone quadratisch
- doppelseitiges Klebeband

VORLAGE

Bogen 1B+2B

1 Den Strukturbogen in jeweils 10 cm breite Streifen schneiden. Den ersten Streifen bei 10 cm, 11cm, 21 cm und 27,5 cm falzen und bei 28,5 cm und 29,5 cm durchschneiden. So erhalten Sie zwei Teile à 1 cm x 10 cm, die Sie für die Verzierung der Babyflaschen benötigen. Den zweiten Streifen bei 6,5 cm, 13 cm, 19,5 cm und 26 cm falzen und bei 27 cm, 28 cm, 29 cm und 30 cm durchtrennen (3 Teile à 1 cm x 10 cm). Nun den dritten Streifen bei 6,5 cm, 13 cm und 19,5 cm falten und bei 26 cm, 27 cm, 28 cm, 29 cm und 30 cm schneiden (4 Teile à 1 cm x 10 cm). Die 9 schmalen Streifen halbieren, sodass Sie 18 Stücke à 1 cm x 5 cm erhalten.

2 Die Karte wie im Foto im Zickzack falten und die Streifen mithilfe der Klebelaschen aneinander kleben. Bei den 6,5 cm breiten Stücken die Ecken mit einem Stanzer unten rechts und links abrunden.

3 Mithilfe der Vorlage erstellen Sie eine Schablone und legen diese auf jede gerundete Seite und umranden sie mit einem Stift. Nun alle markierten Flächen mit einer Silhouettenschere wegschneiden. Mit der Vorlage die Buchstaben auf das Motivpapier und auf ein Blatt Fotokopierpapier übertragen. Schneiden Sie nun den Namen vom Motivpapier genau auf dem Rand und die Buchstaben auf dem weißen Blatt ungefähr zwei Millimeter größer aus, dadurch hebt sich der Name schön von der Karte ab.

4 Für den Nuckel der Babyflasche nutzen Sie die Vorlage. Pro Buchstaben benötigen Sie jeweils zwei Nuckel-Aufsätze in Hautfarbe. Diese kleben Sie vorne und hinten auf die Rechtecke, sodass die Rundung oben mit dem Rand der Karte abschließt.

5 Auf den Übergang zwischen Saugnuckel und Flasche kleben Sie jetzt die halbierten Streifen. Auf die große Fläche werden die Buchstaben aufgeklebt. Auf die vorderste Flasche können Sie einen Spruch oder Ihren Gruß anbringen.

6 Neben den Fläschchen kann das Geburtsdatum gestempelt werden. Das Tonpapier mit Flock wird auf der linken Seite innen in der Karte befestigt. Für die Vorderseite der Karte das Tonpapier mit Kinderwagen und Spruch bestempeln und kolorieren.

7 Den Umschlag mithilfe einer Schablone für kleine quadratische Umschläge (s. Grundanleitung) und dem Tonpapier mit Flock erstellen. Für mehr Tiefe für die dicke Karte falten Sie alle Seiten mit einem Abstand von ca. 1 cm zweimal.

Endlose Glückwünsche ...

... zur Kommunion oder Konfirmation

MOTIVGRÖSSE

Karte ca. 12 cm x 12 cm

Umschlag ca. 12,8 cm x 12,8 cm

MATERIAL

FÜR DIE KARTE

- Tonkarton in Grün, 24 cm x 24 cm
- Tonkarton mit Flock und Glitter „Christliche Symbole", 6 Quadrate in 5,6 cm x 5,6 cm
- Tonpapiere in Hellgrün und Weiß, je 1x in DIN A4
- Tusche-Stempelkissen in Schwarz
- Fotokarton mit Glanzlack veredelte Blümchen, 5 Quadrate in 5,6 cm x 5,6 cm
- Stempel „Schafe"
- doppelseitiges Klebeband

FÜR DEN UMSCHLAG

- Tonkarton mit Flock und Glitter „Christliche Symbole" in DIN A4
- Schleifenband Kommunion (Konfirmation)
- Knopf Schaf
- Schablone für quadratische Umschläge
- doppelseitiges Klebeband

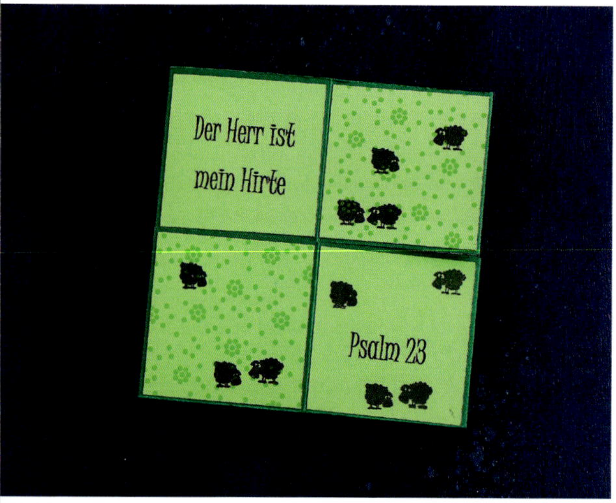

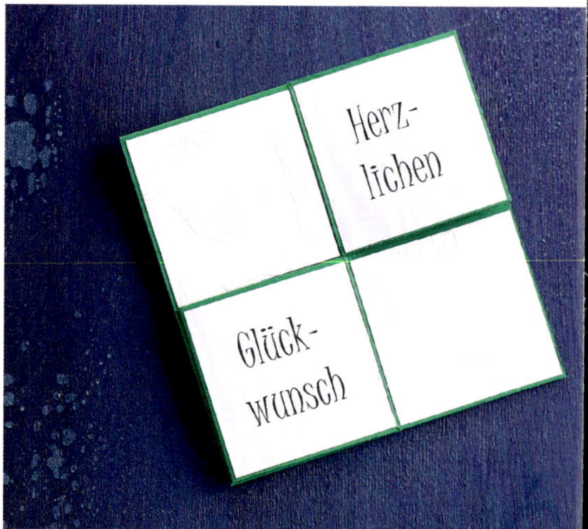

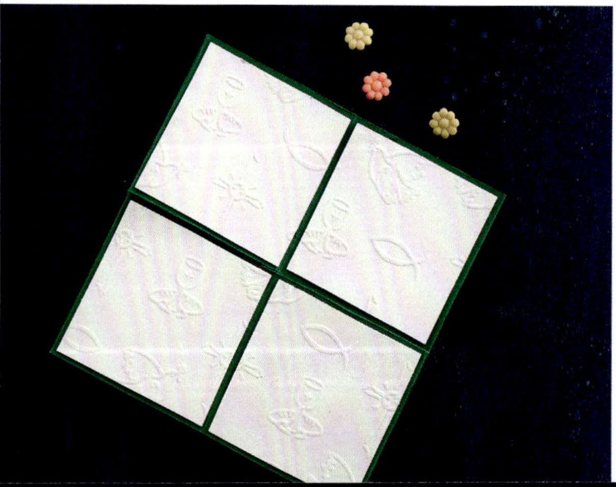

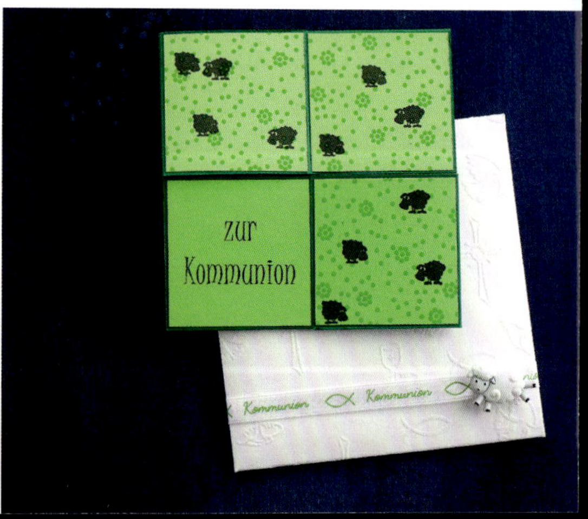

1 Grünes Tonpapier jeweils einmal quer und einmal längs falten und wieder öffnen. Danach alle vier Seiten zum mittleren Falz knicken und wieder aufklappen. So entstehen 16 gleichmäßige Quadrate. Die mittleren 4 Quadrate sorgfältig herausschneiden (s. Skizze).

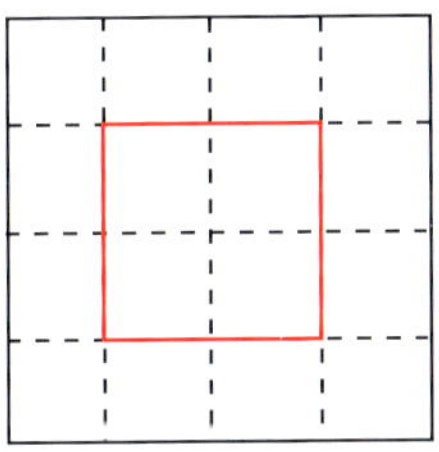

2 Auf den Quadraten oben links und unten rechts doppelseitiges Klebeband anbringen und jeweils anschließend nach innen zur Mitte hin falten, sodass beide Kanten bündig aufeinander treffen (s. Skizze).

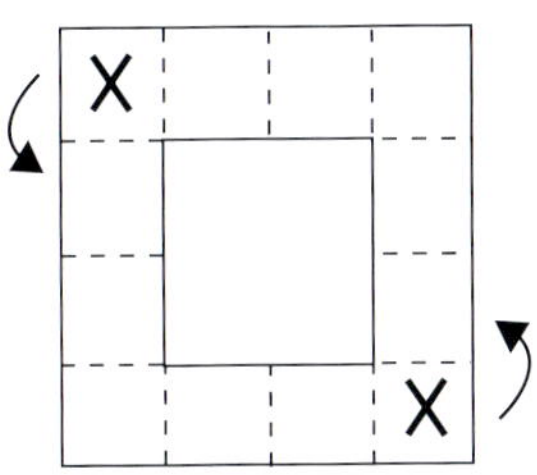

3 Nun auf den kleinen Quadraten oben rechts und unten links doppelseitiges Klebeband befestigen und jeweils nach innen zur Mitte knicken (s. Skizze), sodass beide Kanten bündig aufeinandertreffen und ein Quadrat mit vier Flächen entsteht. Im Anschluss alle Seiten besonders gut nachfalzen.

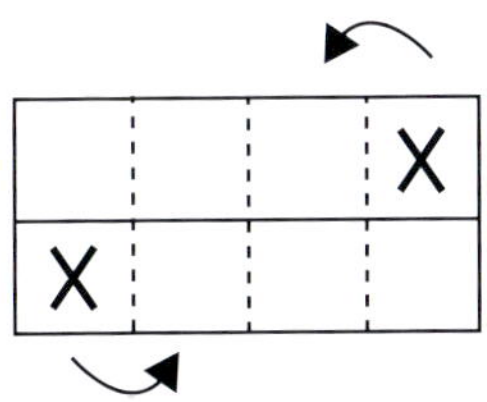

4 Um nun die Karte besonders edel zu verzieren, kleben Sie auf den ersten vier Quadraten das Flockpapier auf. Knicken Sie beide Seiten entlang der offenen Mitte komplett nach unten. Sobald die Karte komplett zusammengefaltet ist, öffnet sie sich automatisch richtig auf der nächsten freien Seite.

5 Beschriften Sie nun das hellgrüne Tonpapier (von Hand oder per Computerdruck) und schneiden Sie anschließend die drei sich daraus ergebenden Felder auf 5,6 cm x 5,6 cm zu. Danach können Sie den Blümchen-Fotokarton mit Schafen bestempeln. Bekleben Sie nun die vier Quadrate und knicken Sie die Karte erneut. Dadurch öffnet sich nun die dritte Seite.

6 Jetzt können Sie das weiße Tonpapier nach Ihren Wünschen gestalten (von Hand oder per Computerdruck) und wieder auf 5,6 cm x 5,6 cm zuschneiden. Sobald Sie die vier Quadrate auf der Karte fixiert haben, knicken Sie diese erneut und es öffnet sich nun die vierte und letzte Seite Ihrer Glückwunschkarte.

7 Wie bereits zuvor gestalten Sie die letzten vier Quadrate ganz nach Ihren Vorlieben. Knicken und öffnen Sie sie ein weiteres Mal, so landen Sie wieder am Anfang. Jetzt nur noch aus dem zweiten Bogen Flockpapier den Umschlag (s. Grundanleitung) herstellen, mit Band und Knopf verzieren und schon ist Ihre Endloskarte fertig.

Mein Tipp für Sie

Je öfter Sie die Karte knicken, um auf die nächste Seite zu gelangen, desto leichter funktioniert der Mechanismus.

Frohe Weihnachten!

Zauberhafte Grüße aus der Weihnachtswerkstatt

MOTIVGRÖSSE

Karte ca. 12 cm x 12 cm

Umschlag ca. 12,5 cm x 12,5 cm

MATERIAL

FÜR DIE KARTE

- Motivpapier „Let it snow“, 30,5 cm x 30,5 cm
- Aquarellpapierreste
- Stempel „Frohe Weihnachten“
- Tusche-Stempelkissen permanent in Schwarz
- Applikator (Schwämmchen)
- Pigmenstempelkissen mit Kreideeffekt in Blautönen
- Motivstanzer Schneeflocke
- Kreisstanzer ø 6,3 cm
- Stanzer Wellenkreis ø 7,5 cm
- Glitzerstift

FÜR DEN UMSCHLAG

- Aquarellpapier, 200 g
- Schablone für quadratische Briefumschläge
- doppelseitiges Klebeband

VORLAGE

Bogen 1A

1 Zu Beginn das Weihnachtsmotivpapier anhand der Skizzenvorgabe zuschneiden.

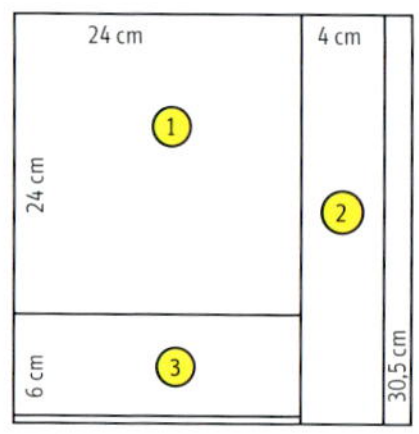

2 Schneiden Sie zunächst den Papierstreifen Nr. 3 in vier Quadrate (6 cm x 6 cm) und diese anschließend diagonal durch, sodass Sie acht Dreiecke mit identischer Größe erhalten.

3 Zeichnen Sie bei Teilstück Nr. 1 an allen vier Seiten (bei 6 cm, 12 cm und 18 cm) kleine Markierungen mit dem Bleistift ein. An allen vier Seiten bei 6 cm falzen und so knicken, dass die Seite, die außen sein soll, zu sehen ist. Achten Sie darauf, dass die Kanten der Seiten beim Falten in der Mitte gerade aneinander stoßen und falzen Sie diese besonders gründlich.

4 Jetzt das Papier drehen und mithilfe zweier Diagonalen die Mitte markieren. Führen Sie alle vier Spitzen genau zur Mitte und klappen Sie sie wieder auf. Falten Sie die Spitzen gerade bis zur diagonal entstandenen Falz (s. Skizze).

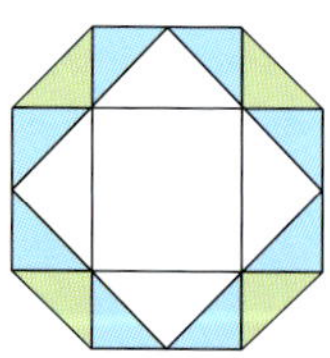

5 Lassen Sie die kleinen Dreiecke geknickt. Drehen Sie das Blatt um. Klappen Sie dann die gefalteten Ränder von Schritt 3 gleichzeitig nach innen, sodass alle Spitzen in der Mitte sauber aufeinander treffen. Kleben Sie dann die zugeschnittenen Dreiecke auf die in der Skizze blau markierten Stellen.

6 Kolorieren Sie ein Stück Aquarellpapier farblich passend zur Karte und dekorieren Sie es mit dem Weihnachtsstempel. Stanzen Sie es danach rund aus und kleben es auf einen Wellenkreis. Auf der Rückseite bringen Sie auf der oberen und unteren Hälfte jeweils einen Streifen Abstandsband an.

7 Jetzt nehmen Sie den Papierstreifen Nr. 2 zur Hand und legen ihn so um die geschlossene Karte herum, dass die Enden in der Mitte der Vorderseite zusammenstoßen. Kleben Sie die Enden zusammen und schneiden Sie überstehendes Papier ab. Der Wellenkreis wird jetzt über die Naht geklebt und der Stempelabdruck mit einem Glitzerstift verziert.

8 Mit der Schablone ein passendes Kuvert erstellen (s. Grundanleitung). Mit ausgestanzten Schneeflocken verzieren.

Mein Tipp für Sie

Mithilfe der Vorlage können Sie einen passenden Umschlag für eine Gutscheinkarte erstellen. Mit einem Magnetverschluss wirkt diese besonders edel.

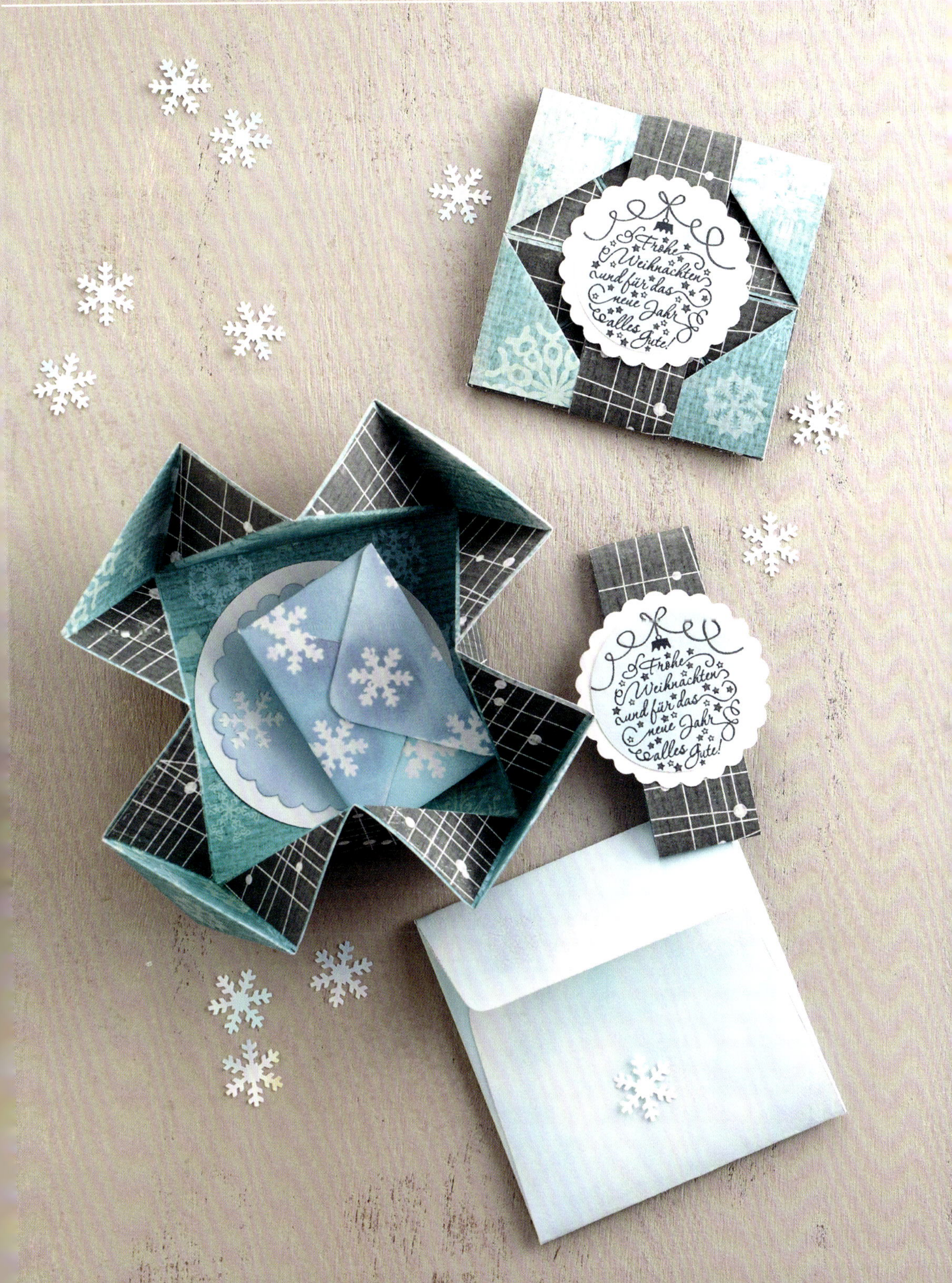
Frohe Weihnachten und für das neue Jahr alles Gute!
Frohe Weihnachten und für das neue Jahr alles Gute!

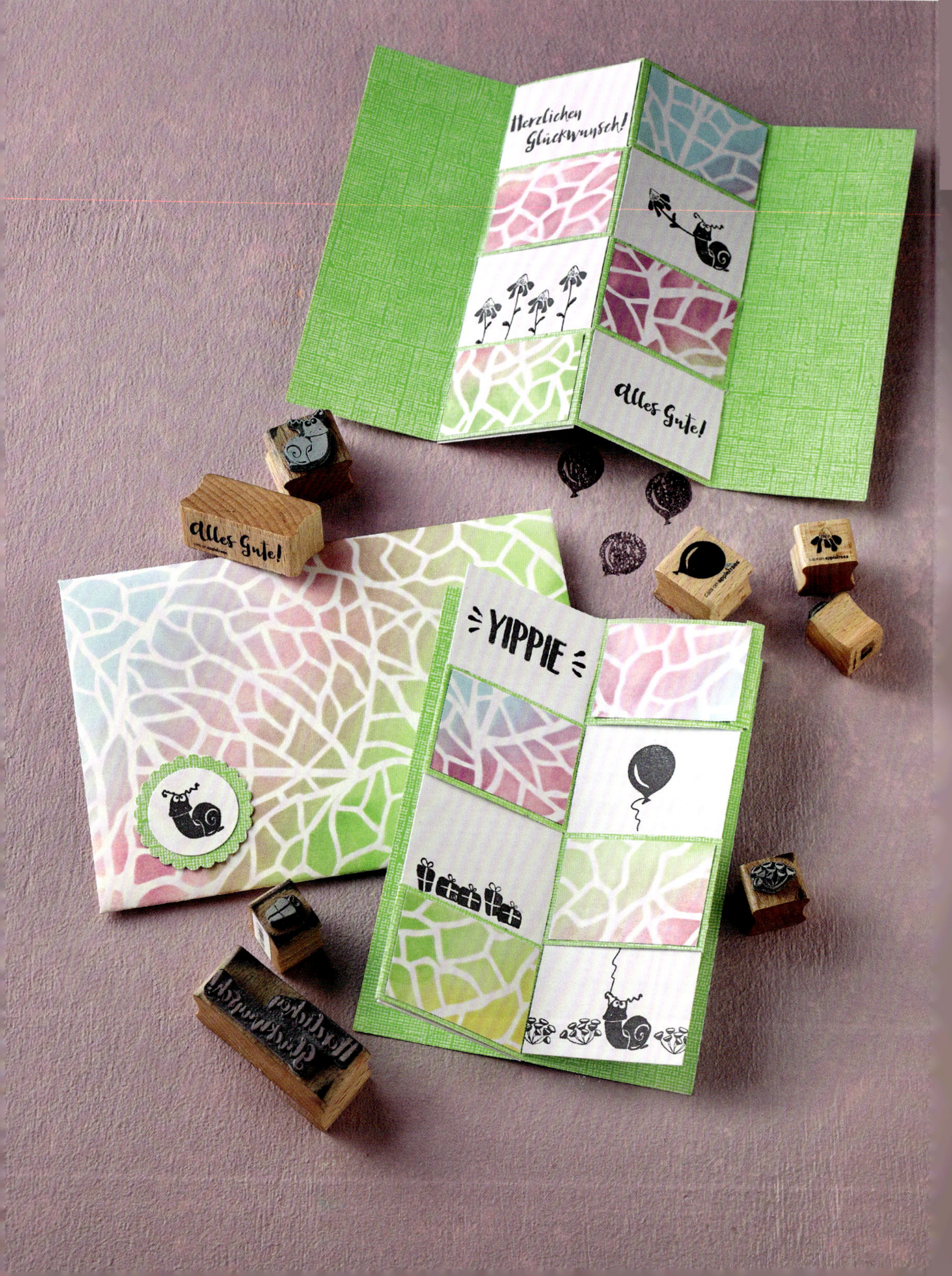
Herzlichen Glückwunsch!
Alles Gute!
Alles Gute!
YIPPIE

Überraschung!

Liebe Glückwünsche für jede Gelegenheit

MOTIVGRÖSSE

Karte ca. 14,8 cm x 10,5 cm

Umschlag ca. 11,3 cm x 16,1 cm

MATERIAL

FÜR DIE KARTE

- Prägekarton Struktura Leinen in Frühlingsgrün, 14,8 cm x 21 cm
- Fotokarton in Weiß, 2 Streifen in 5,2 cm x 14,7 cm
- Tonpapier in Weiß, DIN A6
- Stempel „Yippie", „Schnecke", „Ballon", „Geschenk hoch", „Geschenk flach", „Blume", „Blüte", „Herzlichen Glückwunsch!", „Alles Gute!"
- Stempelkissen in Schwarz
- Pigmenstempelkissen mit Kreideeffekt in Grün, Gelb, Lila und Blau
- Applikator (Schwämmchen)
- Schablone Blatt
- Washi Tape

FÜR DEN UMSCHLAG

- Aquarellpapier, 200 g
- Schablone für Briefumschläge in C6
- Klebezettel
- doppelseitiges Klebeband

1 Den Prägekarton mit der Strukturseite außen mittig falten. Danach jeweils die äußeren Seiten erneut zur Mitte knicken.

2 Den Karton so in der Mitte falten, dass ein DIN A6 Format entsteht, welches mit der geschlossenen Kante zu Ihnen zeigt. Jetzt auf der unteren Hälfte (einmal an der Kante und einmal auf dem mittleren Falz) Markierungen bei 3,7 cm, 7,4 cm und 11,1 cm vornehmen. Von der geschlossenen Kante aus, die Karte an den Markierungen bis zur Mitte mit einer Schere gerade einschneiden.

3 Das weiße Blatt in DIN A6 auf die Blätterschablone legen und mit Washi Tape fixieren. Mithilfe der Applikatoren und der Stempelfarbe einfärben. Anschließend das Blatt in acht Stücke (3,3 cm x 4,8 cm) zuschneiden. Die DIN-A5-Karte aufklappen und die weißen Streifen in die Schlitze einweben. Dabei den zweiten Streifen versetzt einweben.

4 Markieren Sie nur die sichtbaren Flächen leicht mit einem weichen Bleistift. Nun schieben Sie die Karte so zusammen, dass Sie sie in der Mitte auseinanderfalten können. So erhalten Sie die Grundposition, in der die Karte auch verschenkt wird. Auch auf dieser Seite markieren Sie die weißen Felder mit dem Bleistift. Wenn Sie jetzt die hinteren Blattenden mittig greifen und die Karte gleichzeitig nach rechts und links ziehen, ploppt die zweite Seite auf. Dies ergibt immer wieder einen tollen Wow-Effekt.

5 Ziehen Sie die weißen Streifen wieder heraus und bestempeln Sie die markierten Flächen nach Belieben. Anschließend entfernen Sie die Markierungen und weben die Streifen wieder in die vorherigen Positionen ein. Bekleben Sie die farbigen Flächen mit den schablonierten Papierstücken.

6 Erstellen Sie mithilfe der Schablone für C6-Umschläge ein Kuvert (s. Grundanleitung). Vor dem Zusammenkleben die Laschen mit Klebezetteln abdecken und die Adressierseite auf die Schablone legen. Das Papier umdrehen und wie oben beschrieben einfärben.

7 Als Hingucker können Sie zum Abschluss noch ein Motiv aus der Karte auf ein Stück Restpapier stempeln, ausstanzen, ggf. mit einem Rahmen versehen und auf den Umschlag kleben.

Happy Birthday!

Geburtstage soll man feiern

MOTIVGRÖSSE

Wimpel ca. 10,8 cm x 15 cm

Umschlag ca. 11,8 cm x 17 cm

Länge Wimpelkette ca. 190 cm

MATERIAL

FÜR DIE WIMPELKETTE

- Tonkarton in Mint und Purpur
- Fotokartonblock „Piccolo“
- Stempel „Lass Dich feiern“ und „hab einen tollen Tag“
- Stempelkissen in Schwarz
- Chiffonband, 2 m lang
- Motivstanzer Blume
- Motivstanzer Windmühle

FÜR DEN UMSCHLAG

- Schablone für Briefumschläge in C6
- doppelseitiges Klebeband

VORLAGE

Bogen 2A

1 Schneiden Sie die Wimpel mithilfe der Vorlagen zu. Bestempeln Sie dann die purpurfarbenen Wimpel und verzieren Sie sie mit den ausgestanzten Blumen und Windmühlen.

2 Schneiden Sie die Zahlen mithilfe der Vorlage aus und befestigen Sie sie auf den Wimpeln. Falten Sie bei den großen Wimpeln die obere Kante jeweils nach hinten. Diese dienen später für die Aufhängung.

3 Kleben Sie nun die kleinen Wimpel auf die Großen und fixieren Sie das Chiffonband im Abstand von etwa 7,5 cm mithilfe doppelseitigen Klebebandes unter den Laschen. Lassen Sie dabei am Anfang und Ende ca. 15 cm überstehen und knoten Sie hier jeweils eine Schlaufe für die Aufhängung. Legen Sie anschließend die Wimpel im Zickzack zusammen, um Sie in den Umschlag legen zu können.

4 Erstellen Sie mithilfe der Schablone für C6-Umschläge ein Kuvert (s. Grundanleitung). Mithilfe der Vorlage können Sie zur Verzierung noch kleine Miniwimpel ausschneiden und aufkleben.

Mein Tipp für Sie

Die Unterschriften der Gratulanten können entweder auf einen der gestempelten Wimpel, auf einen Extra-Wimpel oder auf der Rückseite geschrieben werden. Lassen Sie Ihrer Kreativität freien Lauf.

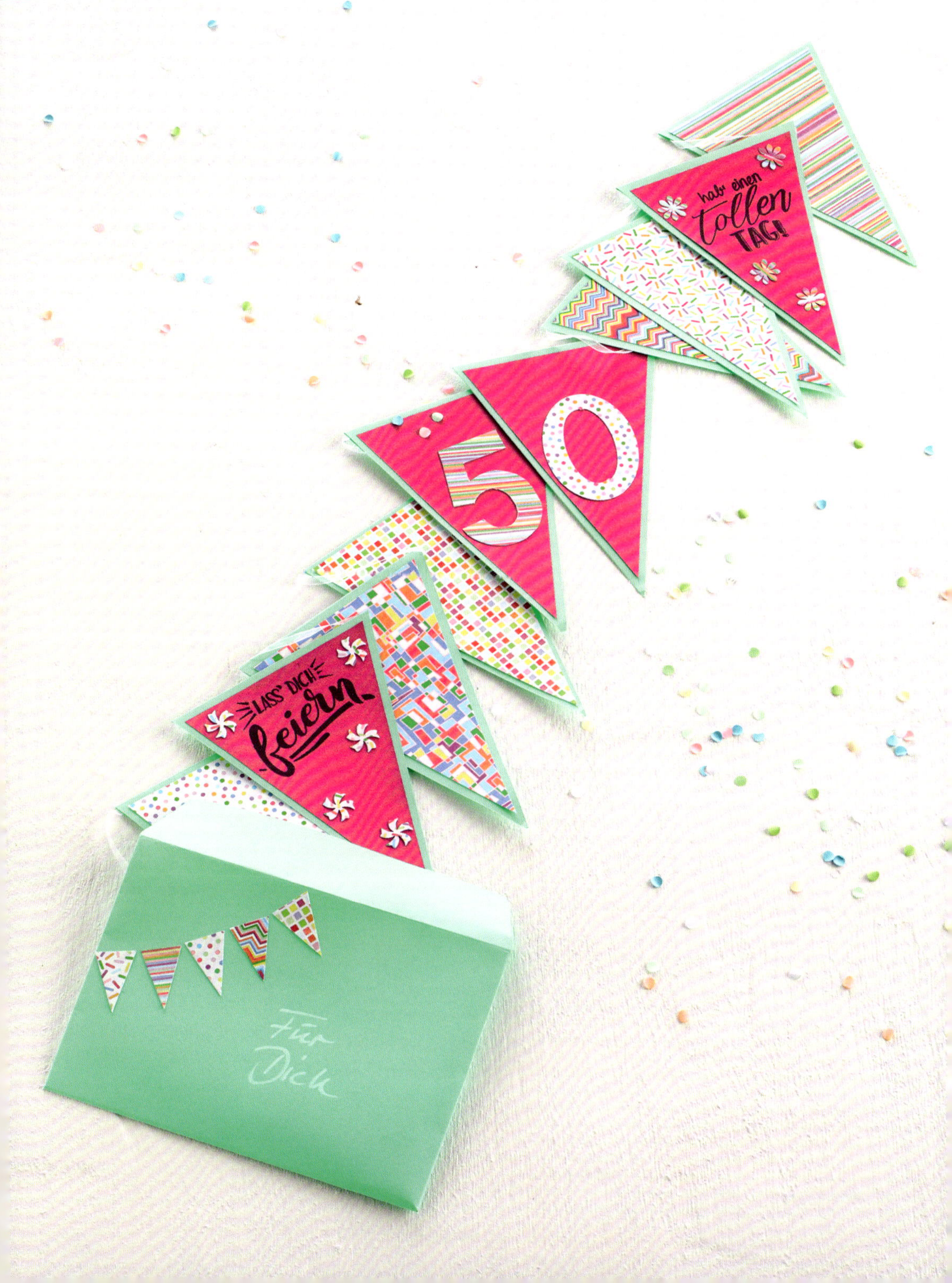
hab' einen tollen TAG!
50
LASS' DICH feiern
Für Dich

Schön, dass es Dich gibt

Eine Karte für Lieblingsmenschen

MOTIVGRÖSSE

Karte ca. 9 cm x 9 cm

Umschlag ca. 12,5 cm x 12,5 cm

MATERIAL

FÜR DIE KARTE

- Motivpapier Scrapbook Paper Block
- Tonkarton in Frühlingsgrün und Blau
- Tonpapierreste in Weiß
- Stempel „du bist mein Lieblingsmensch“, „Ich. Du. Passt“, „Ich hab Dich lieb“, „Fühl Dich gedrückt“, „Farn“, „Zweig“, „Blatt“, „Kleeblatt“, „Meerschweinchen“ und „Nur für Dich“
- Stempelkissen in Grün und Schwarz
- Stanzer Wellenkreis ø 6,3 cm
- Kreisstanzer ø 6,3 cm
- Doppelseitiges Klebeband
- Schmucksteine in Grün und Blau
- Gewebtes Band mit Blümchen, 50 cm lang

FÜR DEN UMSCHLAG

- Schablone für quadratische Briefumschläge
- doppelseitiges Klebeband

1 Das blaue Tonpapier in drei Quadrate (16 cm x 16 cm) zuschneiden. Alle drei Quadrate erst längs, dann quer falten und anschließend wenden, um sie zusätzlich diagonal zu falzen (s. Skizze).

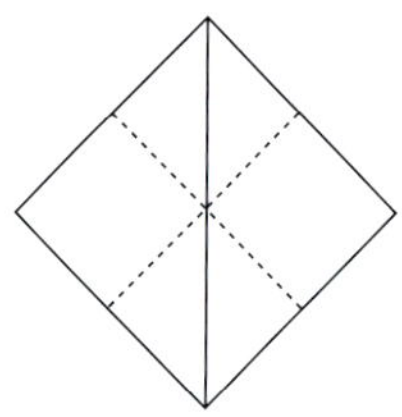

2 Das Papier so drehen, dass die waagerechte und senkrechte Falz Talfalten bilden. Die beiden großen Vierecke aufeinander falten und darauf achten, dass die kleinen Dreiecke dabei nach innen knicken.

3 Das mittlere Quadrat verkehrt herum auf die beiden anderen Quadrate legen, sodass jeweils ein Viertel mit dem rechten bzw. linken Viertel der anderen Quadrate verklebt werden können (siehe Foto).

4 Das Motivpapier jeweils auf 7,5 cm x 7,5 cm zuschneiden. Dabei zwei Dekore je dreimal zuschneiden und in der Mitte diagonal halbieren. Das dritte Dekor wird viermal zugeschnitten und nicht halbiert. Bestempeln Sie nun die Quadrate nach Belieben. Kleben Sie anschließend die Quadrate auf die mittleren vier Felder und die Dreiecke auf die gefalzten Flächen.

5 Das frühlingsgrüne Papier schneiden Sie in zwei Quadrate (9 cm x 9 cm) zu und kleben es auf die Vorder- und Rückseite der zusammengeklappten Karte. Bringen Sie vorne mittig mit doppelseitigem Klebeband das Blümchenband an und lassen Sie dabei rechts etwa 13 cm für die Schleife überstehen. Ein Stück Motivpapier (7,8 cm x 7,8 cm) auf ein weißes Papier (8,2 cm x 8,2 cm) kleben und im Anschluss auf der Vorderseite befestigen. Somit ist das Band jetzt doppelt fixiert.

6 Mit der grünen Stempelfarbe ein Stück weißes Tonpapier einfärben und anschließend mit Meerschweinchen und Text bestempeln. Im Anschluss mit dem Wellenkreisstanzer ausstanzen. Zusätzlich einen Kreis aus weißem Papier ausstanzen und dahinter befestigen. Mit Klebepads auf der Vorderseite anbringen und mit Schmucksteinen rechts und links verzieren.

7 Einen Umschlag mithilfe der Schablone für kleine quadratische Umschläge (s. Grundanleitung) und dem Motivpapier erstellen. Zum Abschluss mit Schmucksteinen verzieren.

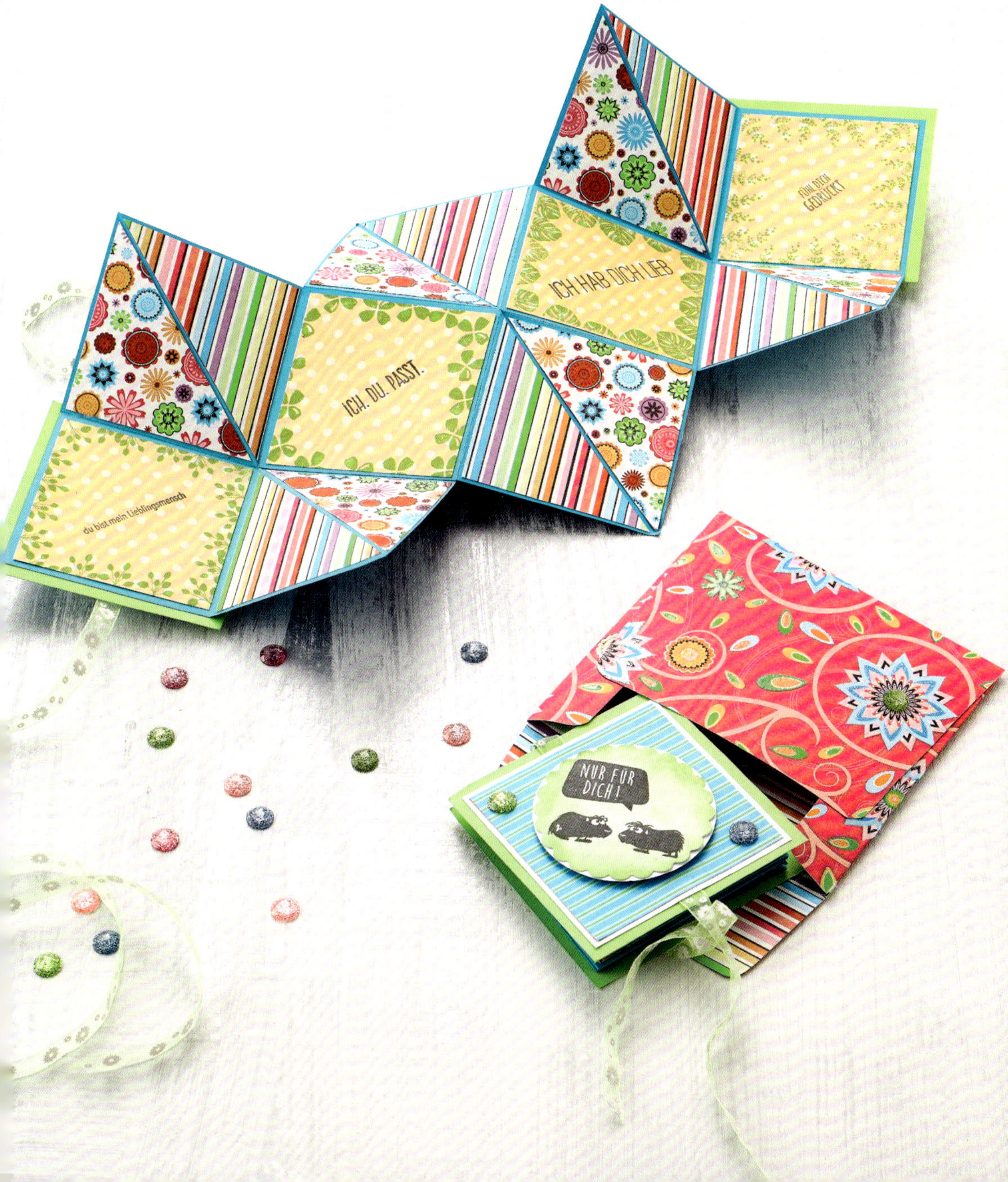
ICH. DU. PASST.
ICH HAB DICH LIEB
FÜR DICH GEDRUCKT
du bist mein Lieblingsmensch
NUR FÜR DICH!

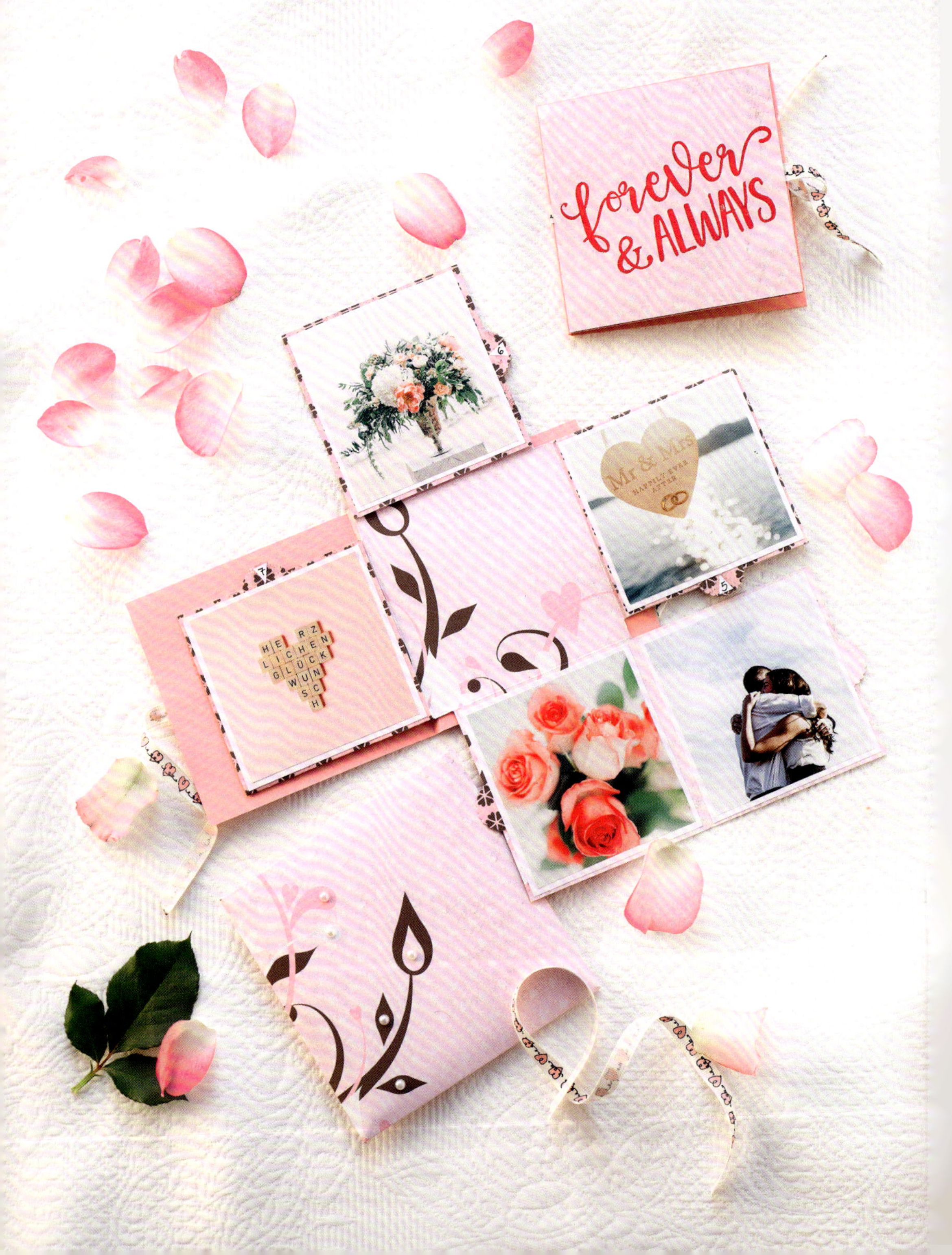
forever & ALWAYS
Mr & Mrs
HAPPILY EVER AFTER
HERZLICHEN GLÜCKWUNSCH

forever & always

Eine Foto-Love-Story

MOTIVGRÖSSE

Karte ca. 12 cm x 12 cm

Umschlags ca. 13,6 cm x 13,6 cm

MATERIAL

FÜR DIE KARTE

- Motivpapier Herzen, zweimal 30,5 cm x 30,5 cm
- Tonkarton in Rosa, 12 cm x 24,5 cm
- Tonpapier in Weiß
- Stempel „forever and always“
- Tusche-Stempelkissen permanent in Rot
- Stanzer Wellenkreis ø 2,5 cm
- Designband Herzen, 45 cm lang, 1 cm breit
- 15 Bilder/Fotos, 8,5 cm x 9 cm

FÜR DEN UMSCHLAG

- Schablone für quadratische Briefumschläge
- doppelseitiges Klebeband
- Halbperlen in Champagner ø 0,5 cm

VORLAGE

Bogen 1A

Mein Tipp für Sie

Noch persönlicher wird die Karte, wenn Sie Fotos vom Brautpaar nehmen. Eine schöne Idee ist es, am Anfang Kinder- und Jugendbilder zu nehmen und im weiteren Verlauf die Geschichte der Beziehung darzustellen.

1 Das Motivpapier an allen Seiten bei 10 cm falzen und dann Einschnitte wie in der Skizze vornehmen. Dabei schneiden Sie bei der rosa markierten Fläche entlang der Falz bis zur nächsten Falz und entfernen dann jeweils nach rechts einen Streifen mit einer Breite von 1 cm. Anschließend kürzen Sie die grau markierten Stellen um 0,5 cm.

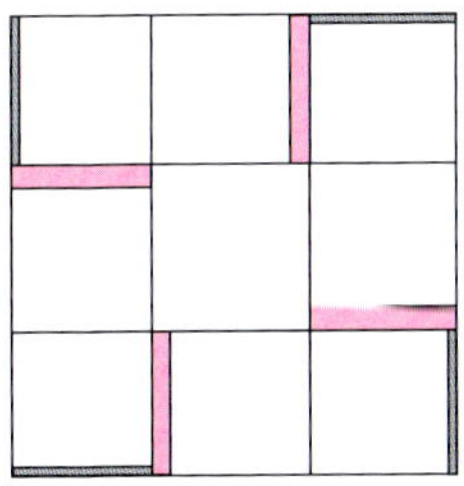

2 Erstellen Sie jetzt den Umschlag mithilfe der Schablone für quadratische Umschläge (s. Grundanleitung) und verzieren Sie ihn mit Halbperlen. Aus den Reststücken schneiden Sie erst ein Rechteck mit den Maßen 11,7 cm x 11,7 cm zu. Hierauf stempeln Sie den Abdruck „forever & always“.

3 Stanzen Sie aus weiteren Reststücken des Motivpapiers 14 Wellenkreise aus. Hiervon kleben Sie jeweils zwei mittig an die in der Skizze markierten Stellen gegeneinander, so dass etwa ein Drittel der Wellenkreise über den Rand hinausragen. Achten Sie dabei darauf, dass die Kreise beim Zuklappen genau aufeinander liegen und den Klappmechanismus nicht stören.

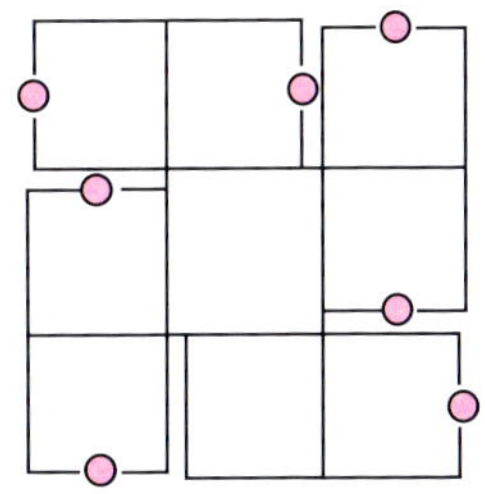

4 Schneiden Sie aus weißem Tonpapier 15 Rechtecke in den Maßen 9 cm x 9,5 cm zu. Jetzt nehmen Sie 15 Bilder, die Sie auf die Maße 8,5 cm x 9 cm anpassen und sowohl auf die weißen Aufleger als auch auf das Motivpapier kleben. Bedenken Sie dabei, dass Sie 7 Fotos im Querformat und 8 im Hochformat benötigen.

5 Schneiden Sie mithilfe der Vorlage sieben kleine weiße Pfeilspitzen aus und kleben Sie diese so auf die Wellenkreise, dass die Richtung angezeigt wird, in denen die Fotoklappen geöffnet werden sollen. Beschriften Sie diese mit der Reihenfolge numerisch von eins bis sieben.

6 Falzen und falten Sie den Tonkarton bei 12 cm und 12,5 cm. Auf der Vorderseite befestigen Sie mittig einen Streifen doppelseitiges Klebeband und platzieren dort das Designband so, dass gleichmäßig viel Band rechts und links übersteht. Kleben Sie nun den bestempelten Aufleger über das Band der Vorderseite. Anschließend kleben Sie die zusammengeklappte Fotokarte mittig in das Booklet hinein.

MOTIVGRÖSSE

Karte ca. 14,8 cm x 10,5 cm

Umschlag ca. 11,3 cm x 16,1 cm

MATERIAL

FÜR DIE KARTE

- Aquarellpapier 250 g
- Tonpapierreste in Weiß, Grün, Gelb, Orange und Pink
- Motivkarton Chevron in Orange
- Stempel „Segelschiff", „Segelboot", „was ich dir schon immer mal sagen wollte", „Danke", „Konfetti"
- Stempelkissen in Schwarz
- Pigmentstempelkissen mit Kreideeffekt in Gelb und Blau
- Kreisstanzer ø 2 cm und ø 1,3 cm
- Motivzange Blume
- Motivstanzer Rechteck gezahnt 2,7 cm x 4,5 cm
- Büttenrandschere
- Doppelseitiges Klebeband, stark haftend, 1 cm breit
- Klebeband
- Klebepads dünn
- selbstklebende Kristalle in Klar, ø 2 mm
- 1-Cent-Stück
- Kulleraugen oval, 8 mm x 11 mm
- Plastikstrohhalm, 2 cm breit
- Plastikring / schmale Perle mit großem Loch
- Musterklammer mit großem flachem Kopf
- 2 Ösen in Gelb, ø 0,5 cm
- Loch- und Nietenzange, ø 3 mm
- Satinband in gelb, 35 cm lang, 0,4 cm breit

FÜR DEN UMSCHLAG

- Transparentpapier mit Fischen in DIN A4
- Schablone für Briefumschläge in C6
- doppelseitiges Klebeband

VORLAGE

Bogen 2B

1 Als erstes das Aquarellpapier auf 21 cm x 14,8 cm zuschneiden, mittig falzen und falten. Mithilfe der Vorlage für Wellen und Dünen färben Sie die Innenseite mit gelber Stempelfarbe nach und nach ein. Arbeiten Sie dabei von oben nach unten und versetzen Sie die Schablone immer ein wenig nach rechts oder links und um etwa 1 cm nach unten. So entstehen Dünen bzw. später beim Wasser Wellen. Anschließend betupfen Sie den „Sand" mit dem Konfetti-Stempel.

2 Passen Sie ein Stück Aquarellpapier auf 10 cm x 14,3 cm an und färben dieses und ein weiteres Reststück (ca. 4 cm x 4 cm) analog zu den Dünen mit der anderen Hälfte des durchgeschnittenen Schablonenpapiers in Blau ein. Oben links stempeln Sie das Segelschiff und unten mittig das Segelboot auf.

3 Mithilfe der Vorlage schneiden die beide Teile für die Krabbe aus dem Tonkarton Chevron aus. Auf beiden Papieren das stark haftende doppelseitige Klebeband anbringen, auf die untere Hälfte das Cent-Stück kleben und darüber das zugeschnittene Stück flach gedrückten Strohhalm befestigen. Anschließend beide Teile passgenau aufeinander legen und fest zusammendrücken.

4 Den Mund nach Vorlage auf ein Stück weißes Papier übertragen und ausschneiden. Blüten ausstanzen und mit einigen dünn geschnittenen Streifen aus grünem Tonkarton zusammenkleben. Mit den Strasssteinen können Sie die Blumen veredeln und im Anschluss den Strauß in der rechten Zange der Krabbe fixieren.

5 Bestempeln Sie das grüne Tonpapier mit „Danke", stanzen es aus befestigen es mit Klebstoff in der anderen Krabbenzange. Das „Wasser" mittig auf die Sandkarte legen, aber noch nicht festkleben. Hierbei sollte an allen Seiten ein gleich großer Rand zu sehen sein. Mit der Lochzange stanzen Sie mittig, ungefähr 1,5 cm vom rechten Rand entfernt, durch alle drei Schichten der Karte. Hier können Sie dann in der Karteninnenseite die zwei Nieten für eine bessere Führung des Bandes anbringen.

6 Das Satinband durch das linke Loch führen und auf der Vorderseite der Karte mit stark haftender doppelseitiger Klebefolie fixieren. Das andere Ende des Bandes

Danke für alles!

„Bewegende" Worte für einen ganz besonderen Menschen

durch den Strohhalm der Krabbe und danach durch die rechte Niete führen.

7 Eine Musterklammer mit großem und flachem Kopf erst durch eine kleine flache Perle oder einem Ring, dann durch die Öffnung im blau eingefärbten Papier fädeln. Auf der Rückseite biegen Sie die Klammern auseinander und fixieren Sie sie mit Klebeband. Anschließend das „Wasser" mittig auf die Kartenvorderseite kleben.

8 Auf dem blau eingefärbten Reststück ein Segelboot stempeln, mit dem größeren Kreisstanzer ausstanzen und auf die Musterklammer kleben. Stanzen Sie mit dem kleineren Kreisstanzer zwei weitere Kreise aus und kleben Sie dazwischen das Ende des Bandes.

9 Auf weißes Tonpapier den Spruch „was ich dir schon immer sagen wollte ..." stempeln, mit Büttenrandschere schmal ausschneiden und mit Klebepads auf der Karte anbringen. Klappen Sie die Karte vorsichtig zu, sodass von der Krabbe nichts zu sehen ist und sie nicht verknicken kann. Jetzt nur noch das Band um die Musterklammer auf der Vorderseite wickeln. Fertig.

10 Zum Schluss ein Kuvert mithilfe der Schablone für C6-Umschläge (s. Grundanleitung) und dem Transparentpapier erstellen.

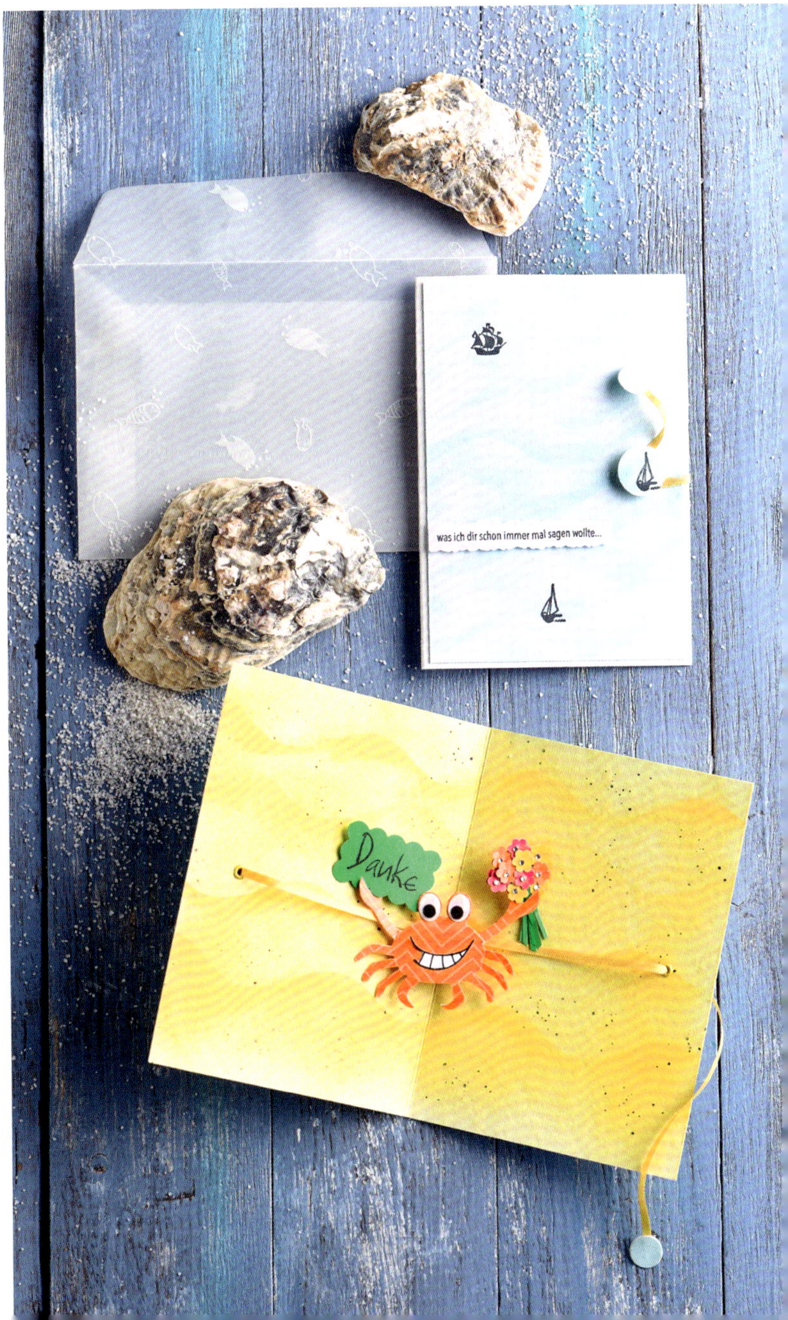

MOTIVGRÖSSE

Karte ca. 10,5 cm x 10,5 cm

Umschlag ca. 12,5 cm x 12,5 cm

MATERIAL

FÜR DIE KARTE

- Tonkarton in Braun, 21 cm x 21 cm
- Motivpapier Scrapbook Paper Block
- Aquarellpapierrest
- Stempel „Katze mit Vogel", „Bleib wundervoll", „Beste Freundin ever"
- Tusche-Stempelkissen permanent in Schwarz
- Pigmentstempelkissen mit Kreideeffekt in Rot, Braun und Türkis
- Applikator (Schwämmchen)
- Stanzer Wellenkreis ø 8,8 cm
- Stanzer Wellenoval 6,3 cm x 4,7 cm
- Stanzer Kreis ø 6,3 cm
- Kreisschneider
- feiner Draht, 25 cm lang
- 3 flache Magnete (6 mm x 1 mm)
- Washi Tape, 0,5 cm breit
- Klebeband
- Nadel
- Schaumklebeband
- Flüssigkleber

FÜR DEN UMSCHLAG

- Transparentpapier mit Schnörkeln
- Schablone für quadratische Briefumschläge
- doppelseitiges Klebeband

1 Zu Beginn das Tonpapier längs und quer falten. Einen Falz bis zur Mitte der Karte 2 mm breit einschneiden. Die beiden eingeschnittenen Stücke falten Sie nach oben und klappen dann die Karte zusammen. Ziehen Sie alle Falze gut nach. Ein Stück Aquarellpapier mit „Katze und Vogel" bestempeln und nach Belieben kolorieren. Mit dem Wellenkreisstanzer stanzen Sie das Motiv aus.

2 Aus dem Motivpapier 6 Quadrate (10 cm x 10 cm) und ein Quadrat (9,8 cm x 9,8 cm) zuschneiden. Das kleinere Quadrat auf ein weißes Stück Papier mit den Maßen 10,1 cm x 10,1 cm kleben. Bevor Sie es auf der Vorderseite anbringen, befestigen Sie einen der Magnete mit Flüssigkleber mittig am rechten Rand. Danach kleben Sie „Katze und Vogel" mit Schaumklebeband in die Mitte der Vorderseite. Befestigen Sie die anderen beiden Magnete, wie in der Skizze gelb markiert, so an der Karte, dass sie sich beim Schließen anziehen.

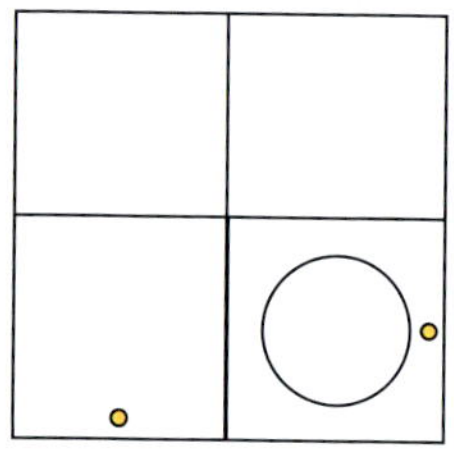

3 Ermitteln Sie die Mitte des rechten unteren Quadrats mithilfe zweier Diagonalen und markieren Sie die Stelle mit einem kleinen Strich. Anschließend schneiden Sie mit dem Kreisschneider einen Kreis von 7 cm aus. Ermitteln Sie auf den Blättern für die Vorder- und Rückseite dieser Fläche ebenfalls wie oben beschrieben den Mittelpunkt. Entfernen Sie auch hier einen Kreis von 7 cm. Kleben Sie danach alle Motivpapiere (bis auf das für die Fläche unten links) fest.

4 Kleben Sie einen der entfernten Kreise oder einen anderen Ihrer Wahl durch das „Guckloch" in die Karte. Stanzen Sie einen Kreis mit dem Durchmesser 6,3 cm aus weißem Tonpapier aus und bekleben Sie ihn mit den schmalen Washi Tape in regelmäßigen parallelen Abständen. Färben Sie das Papier mithilfe des Applikators und dem Pigmentstempelkissen ein. Anschließend entfernen Sie das Washi Tape vorsichtig und stempeln „Bleib wundervoll" auf die Fläche. Kleben Sie den kleinen Kreis auf den Großen. Zeichnen Sie auf dem großen Kreis mit einem Fineliner eine kleine Naht.

Ein Hoch auf die Freundschaft

3D Karte zum Aufstellen

5 Stempeln Sie „Beste Freundin ever“ auf das Motivpapier und stanzen es mit dem Wellenoval aus. Um eine Spirale zu erhalten, wickeln Sie den Draht um einen Klebestift und streifen ihn danach vorsichtig ab. Pieken Sie ein kleines Loch mittig in das letzte zugeschnittene Motivpapier, schieben den Draht durch und befestigen ihn auf der Rückseite mit Klebeband. Anschließend kleben Sie das Quadrat auf.

6 Am Ende der Spirale befestigen Sie mit einem transparenten Klebestreifen das ausgestanzte Wellenoval. Erstellen Sie einen Umschlag mithilfe der Schablone für quadratische Umschläge (s. Grundanleitung) und dem Transparentpapier.

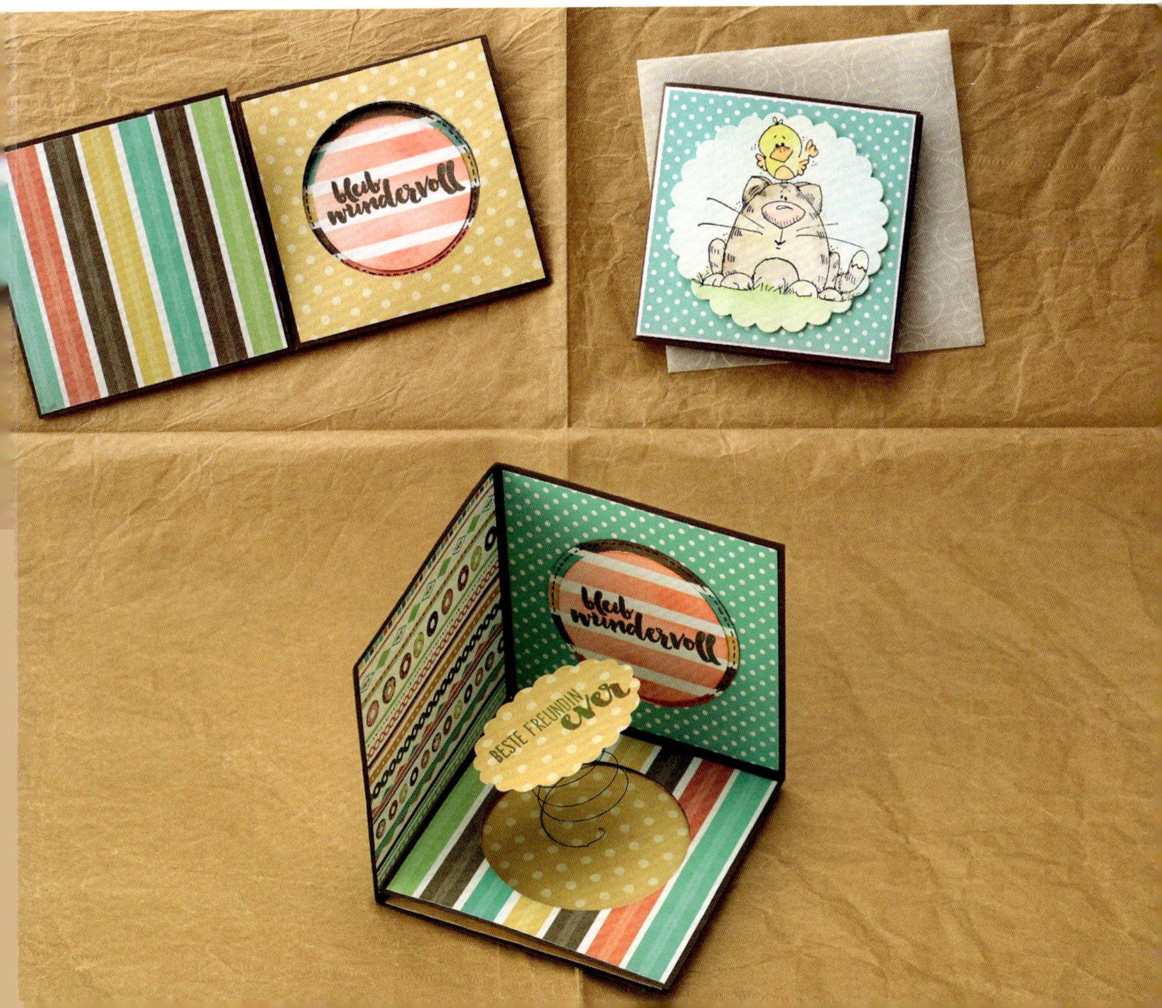

No Drama Lama

Tierische Genesungswünsche

MOTIVGRÖSSE
Karte ca. 15 cm x 10,5 cm

Umschlag ca. 11,3 cm x 16,1 cm

MATERIAL
FÜR DIE KARTE

- Aquarellpapier in 28 cm x 10,5 cm
- Prägekarton „Elegance Barock“
- Tonpapierreste in Flieder, Grün und Weiß
- Stempel „Gute Besserung“
- Pigmentstempelkissen mit Kreideeffekt in Flieder, Grün und Blau
- Applikator (Schwämmchen)
- Motivstanzer Blume
- Perlenmaker Pen in Champagner
- Silhouettenschere
- Wellenrandstanzer ø 2,5 cm
- Kreisstanzer ø 2,9 cm
- Klebezettel
- Bäckergarn in Grün-Weiß, 5,5 cm lang
- Klebestreifen
- Flüssigkleber

FÜR DEN UMSCHLAG

- Schablone für quadratische Briefumschläge
- doppelseitiges Klebeband

VORLAGE
Bogen 1A

1 Erstellen Sie mithilfe der Vorlage alle Teile des Alpakas. Legen Sie dieses auf die gefalzte Grundkarte und zeichnen Sie es bis zur Markierung auf. Mit einer Silhouettenschere schneiden Sie Beine und Bauch des Tieres aus. Falzen Sie die Vorderseite bei 8 cm und knicken Sie sie nach innen.

2 Erstellen Sie nach Vorlage Wolken auf Klebezettel. Diese befestigen Sie auf der oberen Fläche der Vorderseite und tragen mithilfe des Applikators die blaue Stempelfarbe auf. Anschließend die Klebezettel entfernen und die Innenseite unregelmäßig grün einfärben.

3 Übertragen Sie jetzt die Alpaka-Vorlage auf das geprägte Papier und schneiden Sie es mit einer Silhouettenschere aus. Kleben Sie es anschließend passgenau auf die Karte.

4 Kleben Sie die Ohren fest und fixieren Sie diese mit der „Tolle“. Nun können Sie das Gesicht einzeichnen.

5 Stempeln Sie „Gute Besserung“ auf weißes Tonpapier und stanzen Sie es aus. Kleben Sie es auf einen grünen Wellenkreis und fixieren Sie die Enden einer Schlaufe aus Bäckergarn mit Klebeband auf der Rückseite des Wellenkreises. Hängen Sie das „Schild“ um den Hals des Alpakas.

6 Stanzen Sie Blumen in Flieder aus, legen Sie sie auf eine weiche Unterlage und drücken Sie sie mit dem abgerundeten Ende eines Stifts etwas nach unten, bis sie sich wölben. So entsteht schnell und einfach ein 3D-Effekt. Kleben Sie sie mit Flüssigkleber auf die grüne Innenseite. Sie dienen als Stopper für das aufgestellte Alpaka. Verzieren Sie die Mitte der Blumen jeweils mit dem Perlenmaker Pen.

7 Erstellen Sie einen Umschlag mithilfe der Schablone für C6-Umschläge (s. Grundanleitung) und dem Prägekarton. Knicken Sie die Seiten jeweils im Abstand von 3 mm zweimal, um eine größere Tiefe zu erreichen. Verzieren Sie den Umschlag mit drei Blumen in der unteren linken Ecke.

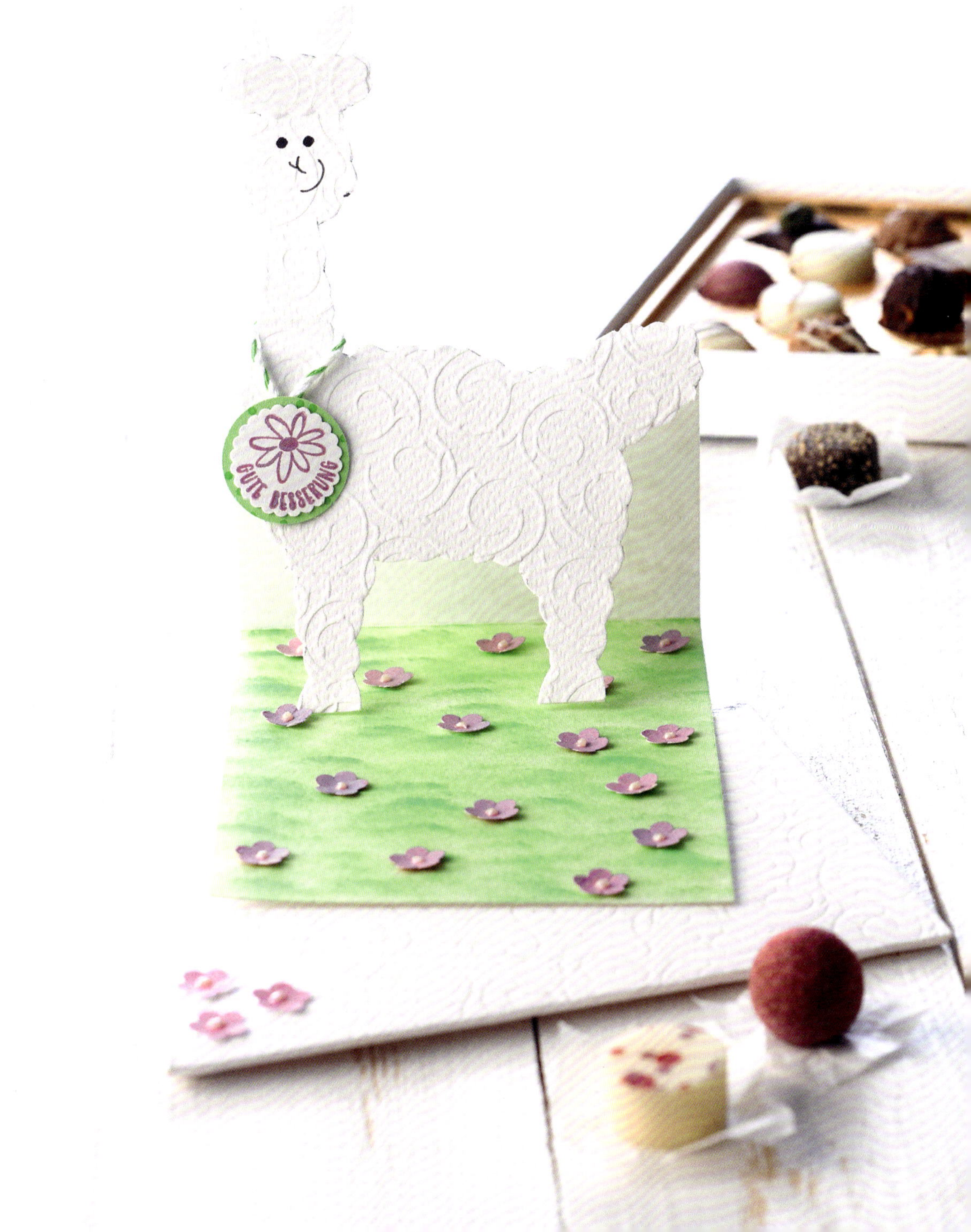
GUTE BESSERUNG

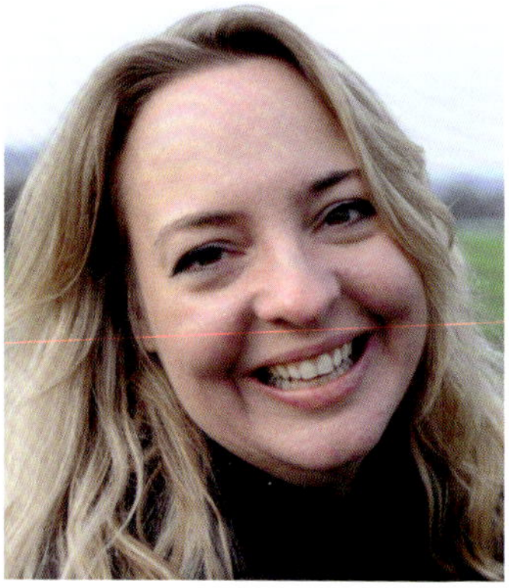

Anja Bley, arbeitet als Diplom-Bibliothekarin in einer Öffentlichen Bibliothek. Seit ihrer Studienzeit haben es ihr bereits Papier und Stempel angetan. Sie experimentiert gerne mit den unterschiedlichsten Materialien und Techniken. Sie liebt es, andere mit ihrer Kreativität anzustecken und bietet regelmäßig Kreativkurse an. Als „Kartenqueen Anja" ist sie bei Facebook, Instagram, Pinterest und Youtube unterwegs. Anregungen, Kritik und Fragen können direkt über kartenqueen@gmx.de an die Autorin gerichtet werden.

DANKE!

Ich bedanke mich sehr herzlich bei folgenden Herstellern für die zur Verfügung gestellten Materialien: Ludwig Bähr, Heindesign, cats on appletrees, Dani Peuss, Efco, Marpa Jansen, Butterer, Buttinette, Opitec, Knorr Prandell. Ein besonderer Dank geht an Rainer für die Unterstützung während des gesamten Projekts, das Probebasteln einzelner Karten und die kulinarische Verpflegung in der letzten Schreibphase!

TOPP – Unsere Servicegarantie

WIR SIND FÜR SIE DA! Bei Fragen zu unserem umfangreichen Programm oder Anregungen freuen wir uns über Ihren Anruf oder Ihre Post. Loben Sie uns, aber scheuen Sie sich auch nicht, Ihre Kritik mitzuteilen – sie hilft uns, ständig besser zu werden.

Bei Fragen zu einzelnen Materialien oder Techniken wenden Sie sich bitte an unseren Kreativservice, Frau Erika Noll.
mail@kreativ-service.info
Telefon 07 11 / 123 757 20

Das Produktmanagement erreichen Sie unter:
pm@frechverlag.de
oder:
frechverlag
Produktmanagement
Turbinenstraße 7
70499 Stuttgart
Telefon 07 11 / 8 30 86 68

LERNEN SIE UNS BESSER KENNEN! Fragen Sie Ihren Hobby-, fach- oder Buchhändler nach unserem kostenlosen Magazin **Meine kreative Welt**. Darin entdecken Sie zweimal im Jahr die neuesten Kreativtrends und interessantesten Buchneuheiten.

Oder besuchen Sie uns im Internet! Unter **www.topp-kreativ.de** können Sie sich über unser umfangreiches Buchprogramm informieren, unsere Autoren kennenlernen sowie aktuelle Highlights und neue Kreativtechniken entdecken, kurz – die ganze Welt der Kreativität.

Kreativ immer up to date sind Sie mit unserem monatlichen **Newsletter** mit den aktuellsten News aus dem frechverlag, Gratis-Bastelanleitungen und attraktiven Gewinnspielen.

IMPRESSUM

FOTOS: frechverlag GmbH, 70499 Stuttgart; lichtpunkt, Michael Ruder, Stuttgart; Beispiele auf Seite 24: Shutterstock.com/IVASHstudio, go2/photocase.de, Photo by Priscilla Du Preez on Unsplash

PRODUKTMANAGEMENT UND LEKTORAT: Lea Merz

GESTALTUNG: Eva Grimme, Miriam Reuss

DRUCK: Tiskárna Grafico s.r.o., Tschechische Republik

6. Auflage 2023

ISBN 978-3-7724-4356-5 • Best.-Nr. 4356

MIX
Paper | Supporting responsible forestry
FSC® C187910

Penguin Random House Verlagsgruppe FSC® N001967